플래티작업실의
입체자수 소품

플래티작업실의
입체자수 소품

수놓기 좋은 날

최희순 지음

팜파스

Prologue

어릴 때부터 손으로 만드는 공예를 좋아했어요.

회사에 다니면서 처음 자수를 접하게 되었습니다.
같은 도안이라도 색상이나 기법을 다르게 작업하면
세상에서 하나뿐인 작품을 만들 수 있다는
매력에 빠지게 되었죠.
지금은 개인 작업과 자수의 즐거움을
경험할 수 있도록 수업을 진행하고 있습니다.

입체자수 기법이 어려울 수 있습니다.
하지만 차근차근 따라 하면
책에서 소개하고 있는 작품을 완성할 수 있을 것입니다.
입체자수가 여러분에게도
즐거운 취미생활이 되었으면 합니다.
감사합니다.

Contents

Prologue • 005

Basic
시작하기 전에

Basic 1.
재료와 도구 • 012

Basic 2.
자수의 기초

원단 준비 • 014

자수실 정리 • 014
보빈 감기 | 실 뽑기

바늘에 실 끼우기 • 015

매듭짓기 • 015
시작 매듭 | 마무리 매듭

도안 그리기 • 016

수틀 사용법 • 016

Basic 3.
이 책에 사용한 자수 스티치

스트레이트 스티치 • 017
백 스티치 • 018
새틴 스티치 • 019
아우트라인 스티치 • 020
랩핑 비즈 스티치 • 021
버튼 홀 필링 스티치 • 023
와이어 리프 스티치 • 027
캐스트 온 스티치 • 029

레이지 데이지 스티치 • 017
불리온 스티치 • 018
스파이더 웹 로즈 스티치 • 020
프렌치 노트 스티치 • 021
레이즈드 스템 스티치 • 023
스미르나 스티치 • 026
위빙 스티치 • 028

기법 연습하기 • 030

Basic 4.
작품을 만들기 위한 손바느질의 기초

감침질 • 031
홈질 • 032

공그르기 • 032
박음질 • 033

Part 01
작은 소품

스마트톡 • 044

동물원 시계 • 048

에코백 • 052

책갈피 • 056

십장생 • 072

알파벳 • 076

Part 02
인테리어

올리브 리스 • 082

제주 모빌 • 084

필레아 페페 • 088

Part 03
주방 소품

마그넷 • 104

앞치마 • 108

주방 장갑 • 110

티코스터 • 116

행주 • 120

귀걸이 • 136

해바라기 머리끈/핀 • 138

Part 04
액세서리

스마일 부토니에 • 140

브로치 • 142

키 링 • 146

Basic

시작하기 전에

Basic 1.
재료와 도구

01 __ **원단** 리넨, 무명, 광목 등 11수, 20수 두께의 원단을 많이 사용한다.

02 __ **트레이싱지** 책에서 도안을 옮길 때 사용한다.

03 __ **먹지** 도안을 원단에 옮길 때 사용한다. 일반 먹지도 사용하지만 지우기 편한 수성 먹지를 주로 사용한다.

04 __ **수틀 7.5cm** 너무 크면 수틀을 잡는 데 불편해서 작은 크기의 수틀을 사용한다.

05 __ **나무구슬** 원형 8, 10mm와 타원형 10, 12mm 크기를 사용한다.

06 __ **바늘** 가장 많이 사용하는 크로바 3~9호이다. 실 가닥 수에 맞게 바늘을 선택한다.

07 __ **시침핀** 소품 제작 시 원단을 고정한다.

08 __ **수성펜** 원단에 도안을 그릴 때 사용하는 펜으로 흐르는 물에 헹궈주면 지워진다.

09 __ **자수실** 자수실은 면사, 울사, 메탈릭사 등 다양한 소재의 실이 있지만, 이 책에서는 DMC 25번 실만 사용한다.

10 __ **와이어, 꽃철사** 와이어 리프 스티치에는 와이어 0.3mm, 꽃철사는 줄기로 사용한다.

11 __ **접착솜** 2온스, 4온스를 많이 사용하며 다림질하여 사용한다.

12 __ **펠트, 솜** 입체감을 주기 위해 사용한다.

13 __ **철필** 도안을 그릴 때 사용한다.

14 __ **가위** 가위는 용도에 맞게 자수실, 원단, 철사용으로 나눠서 사용한다.

15 __ **빨대** 입체감 있는 자수를 표현할 수 있다.

16 __ **롱노우즈** 와이어를 구부릴 때 사용한다.

17 __ **올 풀림 방지액** 원단을 자르고 올 풀림 방지를 위해 바른다.

18 __ **접착제** 부착할 때 사용한다.

19 __ **목공용 풀** 꽃철사 마무리 작업에 사용하는데 마르고 나면 투명해진다.

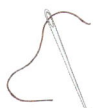

Basic 2.
자수의 기초

원단 준비

원단은 수축할 수 있으므로 수놓기 전 세탁한 후 다림질하여 사용한다.

자수실 정리

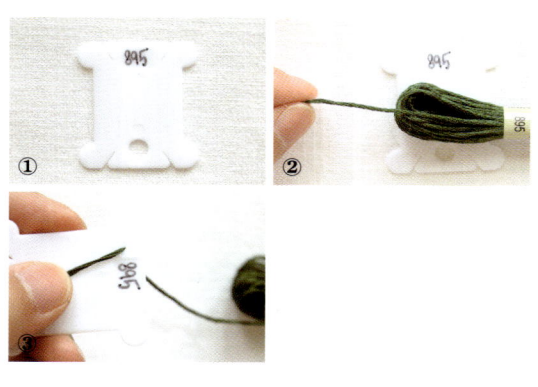

보빈 감기

① 보빈에 실 번호를 적는다.

② 실 번호에 있는 꼬리 실을 뽑는다.

③ 홈에 끼우고 실을 감는다.

실 뽑기

① 실은 50~60cm 길이로 잘라 사용한다.

② 1가닥씩 뽑아 정리해서 사용한다.

바늘에 실 끼우기

 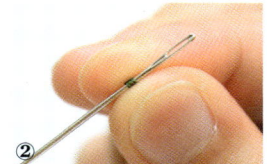

① 실 위에 바늘을 올린다.

② 실을 접는다.

③ 접힌 부분을 바늘에 끼워 사용한다.

매듭짓기

시작 매듭

① 꼬리실을 바늘에 올린다.

② 바늘에 2~3회 감는다.

③ 감은 부분을 잡고 바늘을 당긴다.

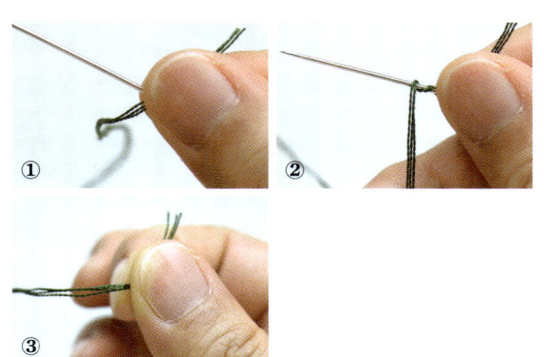

마무리 매듭

① 원단에 가깝게 매듭을 만든다.

② 0.5cm 정도 남기고 잘라낸다.

도안 그리기

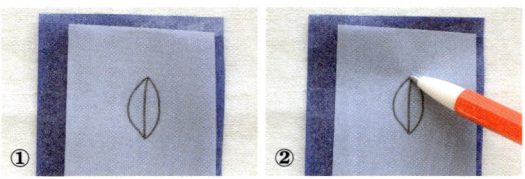

① 원단, 먹지, 도안 순으로 준비한다.
② 철필로 도안을 따라 그린다.

수틀 사용법

안쪽 수틀, 원단, 바깥 수틀 순으로 끼운다.

원단이 헐거운 경우 원단을 당기면 수틀을 뺐을 때 틀어질 수 있으므로 다시 끼워 사용한다.

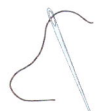 Basic 3.
이 책에 사용한 자수 스티치

스트레이트 스티치

① 끝에서 나와서 반대편 끝으로 들어간다.
② 완성

레이지 데이지 스티치

① 끝에서 나와서 나왔던 구멍으로 다시 들어가 위로 바늘을 뺀다.
② 바늘에 실을 걸어서 뺀다.
③ 고리 위로 들어가서 마무리한다.
④ 완성

백 스티치

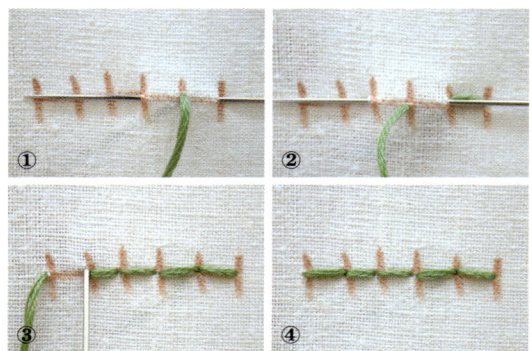

① 한 칸 앞으로 나와서 뒤로 한 칸 들어가고 두 칸 앞으로 바늘을 뺀다.
② ①의 과정을 반복한다.
③ 뒤로 한 칸 들어가며 마무리한다.
④ 완성

불리온 스티치

① 왼쪽 끝으로 나와서 오른쪽 끝으로 들어가 왼쪽으로 바늘을 살짝 뺀다.
② 그려진 간격만큼 바늘에 실을 감는다.
③ 왼쪽으로 바늘을 뺀다.
④ 오른쪽으로 실을 당겨 원단에 밀착시킨다.
⑤ 오른쪽 끝으로 넣어 마무리한다.
⑥ 완성

새틴 스티치

새틴 스티치(네모)
① 끝으로 나와서 반대편 끝으로 들어간다.
② 실 두께만큼 나와서 같은 간격으로 들어간다.
③ 완성

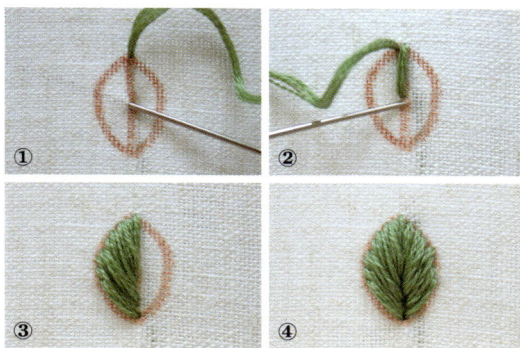

새틴 스티치(잎)
① 위로 나와서 2분의 1 또는 3분의 1 정도 가운데 선으로 들어간다.
② 사선 방향을 유지하며 새틴 스티치를 한다.
③ 반대편도 같은 방법으로 작업한다.
④ 완성

스파이더웹 로즈 스티치

① 기둥 5개를 만든다.
② 기둥 사이로 바늘을 뺀다.
③ 기둥을 번갈아가며 통과한다.
④ 꽃 밑으로 들어간다.
⑤ 완성

아우트라인 스티치

① 끝으로 나와서 두 칸 앞으로 들어가고 뒤로 한 칸 나온다. 이때 바늘의 방향은 실 위로 뺀다.
② ①의 과정을 반복한다.
③ 두 칸 앞으로 들어가며 마무리한다.
④ 완성

프렌치 노트 스티치

① 실 위로 바늘을 준비한다.
② 바늘에 실을 2~3회 감는다.
③ 나왔던 구멍으로 들어간다.
④ 실을 당겨 매듭이 원단에 가깝게 당겨준다.
⑤ 완성

랩핑 비즈 스티치

실 감기

① 구슬을 끼우고 매듭 실을 통과한다.
② 매듭이 밑으로 향하게 구슬을 잡고 실을 당겨 매듭이 구슬 안으로 들어가게 한다.
③ 실을 감아 마무리한다.

고정하기

원단으로 들어가서 고정하기

옆으로 들어가서 고정하기

랩핑 비즈 스티치 + 버튼 홀 필링 스티치

① 실을 걸면서 기둥을 만든다.
② 기둥을 만들고 버튼 홀 필링 스티치를 한다.
③ 실이 부족할 경우 구멍 안쪽으로 바늘을 통과시켜 고정한 후 자른다.
④ 새실은 구슬 안쪽에서 고정한 후 버튼 홀 필링 스티치의 마지막 땀 안으로 나와 작업한다.
⑤ 완성

레이즈드 스템 스티치

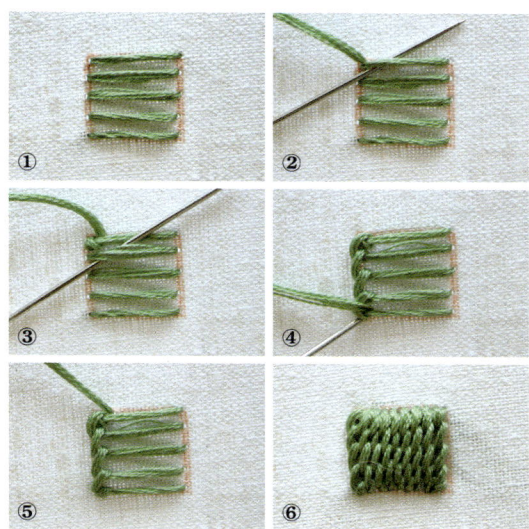

① 스트레이트 스티치를 3mm 간격으로 만든다.
② 끝으로 나와서 첫 번째 기둥의 밑에서 위로 통과시킨다.
③ 다른 기둥들도 ②와 같은 방법으로 기둥을 통과한다.
④ 끝으로 들어가서 마무리한다.
⑤ 동일한 과정을 반복한다.
⑥ 완성

버튼 홀 필링 스티치

버튼 홀 필링 스티치(네모)
① 기둥을 만들고 0.5cm 위로 나온다.
② 기둥의 밑에서 위로 통과하면서 바늘에 실을 걸어서 당겨준다.
③ 코를 만들고 0.5cm 들어간다.
④ 반대 방향으로 반복한다.
⑤ 끝으로 나온 후 고리를 걸어 들어가서 고정한다.
⑥ 완성

* 기둥은 백 스티치, 스트레이트 스티치, 아웃트라인 스티치를 사용합니다.

버튼 홀 필링 스티치(원형)

① 테두리 부분에 기둥을 만든다.
② 땀과 땀 사이로 나와 버튼 홀 필링 스티치를 한다.
③ 처음 만들어진 부분에 걸어서 연결한다.
④ 가운데로 들어가며 마무리한다.
⑤ 완성

코 늘리기

같은 자리에 한 번 더 걸어서 코를 추가한다.

코 줄이기

코 하나를 건너뛰며 줄이기를 한다.

실 교체하기

마무리 후 실을 교체하여 마지막 땀 고리 안으로 나와 작업한다.

▪ 버튼 홀 필링 스티치를 이용한 꽃 만들기

① 4m 길이의 실을 반으로 접는다.
② 가운데를 고정한다.
③ 실을 접고 옆을 고정한다.
④ 고정 실에 걸어 버튼 홀 필링 스티치를 한다.
⑤ 실을 잘라 마무리한다.

▪ 펠트지와 버튼 홀 필링 스티치를 이용한 입체 효과 내기

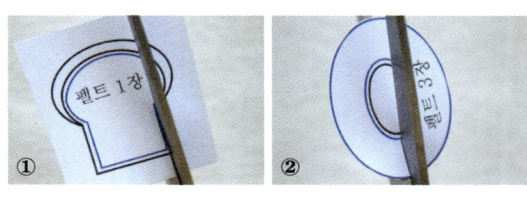

펠트의 재단

① 필요한 도안보다 약간 작게 펠트를 재단한다(파란색 선이 펠트 도안).
② 도너츠를 표현할 때는 옆을 잘라 가운데 구멍을 만들어 재단한다.

펠트 고정

① 기둥을 만들고 펠트를 올린다.
② 펠트를 실로 고정한다.

스미르나 스티치

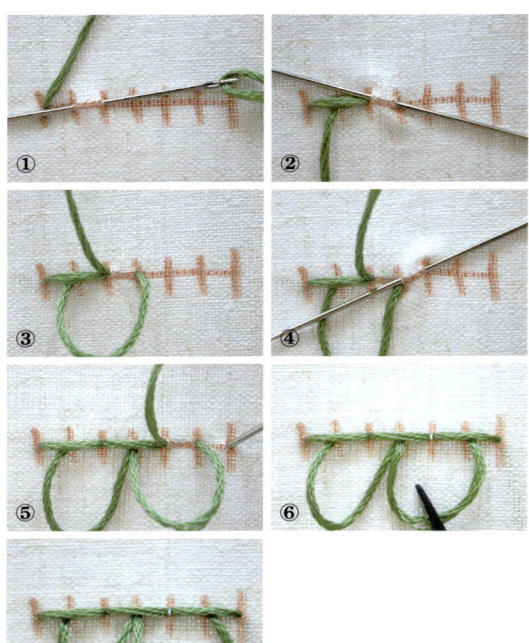

① 끝으로 나와서 두 칸 앞으로 들어간 후 뒤로 한 칸 나온다(바늘은 실 밑으로 뺀다).
② 두 칸 앞으로 들어가서 뒤로 한 칸 나온다.
③ 원하는 길이만큼 실을 당긴다.
④ ①~③의 과정을 반복한다.
⑤ 두 칸 앞으로 들어간다.
⑥ 고리를 잘라 마무리한다.
⑦ 완성

와이어 리프 스티치

① 중간에서 나와 작은 땀 옆으로 들어간다.
② 끝으로 나온다.
③ 와이어를 0.5cm 간격으로 고정한다.
④ 와이어 밖으로 나와서 와이어만 통과한 후 실을 걸어 바늘을 뺀다.
⑤ 이 과정을 반복한다.
⑥ 옆으로 들어가며 마무리한다.
⑦ 면은 새틴 스티치를 채운다.
⑧ 원단을 자른다.

와이어 리프 스티치로 완성한 잎을 원단에 고정하는 법

① 와이어는 0.5cm 정도 남기고 자른다.
② 와이어를 뒤로 접는다.
③ 끝부분을 고정한다.

팁

① 실을 마무리할 때는 새틴 스티치한 뒷부분으로 통과해서 자른다.

② 실과 비슷한 색상의 원단에 수놓아주면 잘랐을 때 깔끔하다.

위빙 스티치

① 시침핀을 고정한 후 왼쪽 끝으로 나온다.

② 실을 시침핀에 걸고 오른쪽 끝으로 바늘을 넣는다.

③ 가운데 밑으로 나와 시침핀에 걸어준다.

④ 왼쪽으로 갈 때는 양쪽 기둥의 밑으로 통과시킨다.

⑤ 오른쪽으로 갈 때는 가운데 기둥의 밑으로 통과시킨다.

⑥ ④~⑤의 과정을 반복한 후 가운데로 들어간다.

⑦ 완성

캐스트 온 스티치

① 왼쪽 끝으로 나온다.
② 오른쪽 끝으로 들어가서 왼쪽 끝으로 바늘을 살짝 뺀다.
③ 손가락에 실을 올리고 손목을 돌려서 고리를 만든다.
④ 바늘에 고리를 끼우고 실을 당긴다.
⑤ 그려진 간격만큼 고리를 만든다.
⑥ 왼쪽으로 바늘을 뺀다.
⑦ 오른쪽으로 실을 당겨 끝으로 들어간다.
⑧ 완성

캐스트 온 스티치의 응용

간격을 좁게 많이 감아주면 고리 형태가 된다.

바늘에 빨대를 끼워 사용한다.

기법 연습하기

원단에 그려서 기법을 연습해본다.

스트레이트 스티치	레이지 데이지 스티치	백 스티치
불리온 스티치	새틴 스티치	스파이더 웹 로즈 스티치
아웃라인 스티치	프렌치 노트 스티치	랩핑 비즈 스티치
레이즈드 스템 스티치	버튼 홀 필링 스티치(네모)	버튼 홀 필링 스티치(원형)
버튼 홀 필링 스티치(코 늘리기)	버튼 홀 필링 스티치(코 줄이기)	버튼 홀 필링 스티치(꽃)
스미르나 스티치		
와이어 리프 스티치	위빙 스티치	캐스트 온 스티치

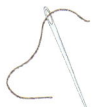

Basic 4.
작품을 만들기 위한 손바느질의 기초

감침질

① 원단 안쪽으로 바늘을 뺀다.
② 원단을 겹쳐서 바늘을 통과한다.
③ 반복한다.
④ 매듭을 지은 후 원단 사이로 들어가 마무리한다.
⑤ 완성

공그르기

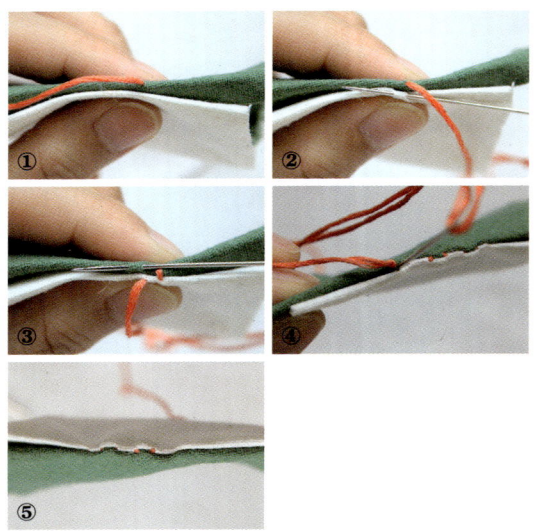

① 원단 안쪽으로 바늘을 뺀다.
② 반대편으로 들어가서 0.3cm 옆으로 뺀다.
③ ②의 과정을 반복한다.
④ 매듭을 지은 후 원단 사이로 들어가 마무리한다.
⑤ 완성

홈질

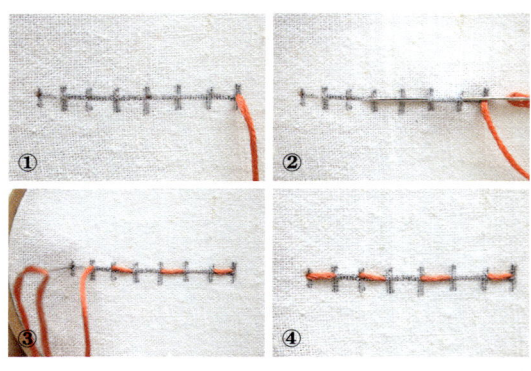

① 오른쪽 끝으로 나온다.
② 한 땀 옆으로 들어가서 같은 간격으로 나온다.
③ 반복 후 끝으로 들어간다.
④ 완성

박음질(백 스티치와 동일)

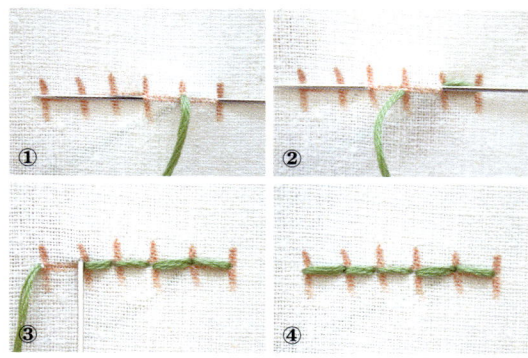

① 한 칸 앞으로 나와서 뒤로 한 칸 들어가고 두 칸 앞으로 나온다.
② ①의 과정을 반복한다.
③ 뒤로 한 칸 들어가며 마무리한다.
④ 완성

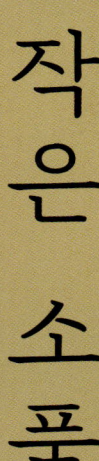

Part 01

작은 소품

Smart Talk
스마트톡

How to Make ~ 044

Zoo watch

동물원 시계

How to Make ~ 048

039

Eco bag
에코백

How to Make ~ 052

Bookmark
책갈피

How to Make ~ 056

Smart Talk
스마트톡

사용한 실 »	DMC 25번사 곰 : 310, 3371, 3865 코알라 : 310, 413, 3865 돼지 : 310, 760, 3328
사용한 원단 »	리넨(갈색, 회색, 핑크색)
사용한 스티치 »	버튼 홀 필링 스티치, 스미르나 스티치, 스트레이트 스티치, 위빙 스티치, 캐스트 온 스티치, 프렌치 노트 스티치
그 외 재료 »	그립톡, 접착제, 펠트

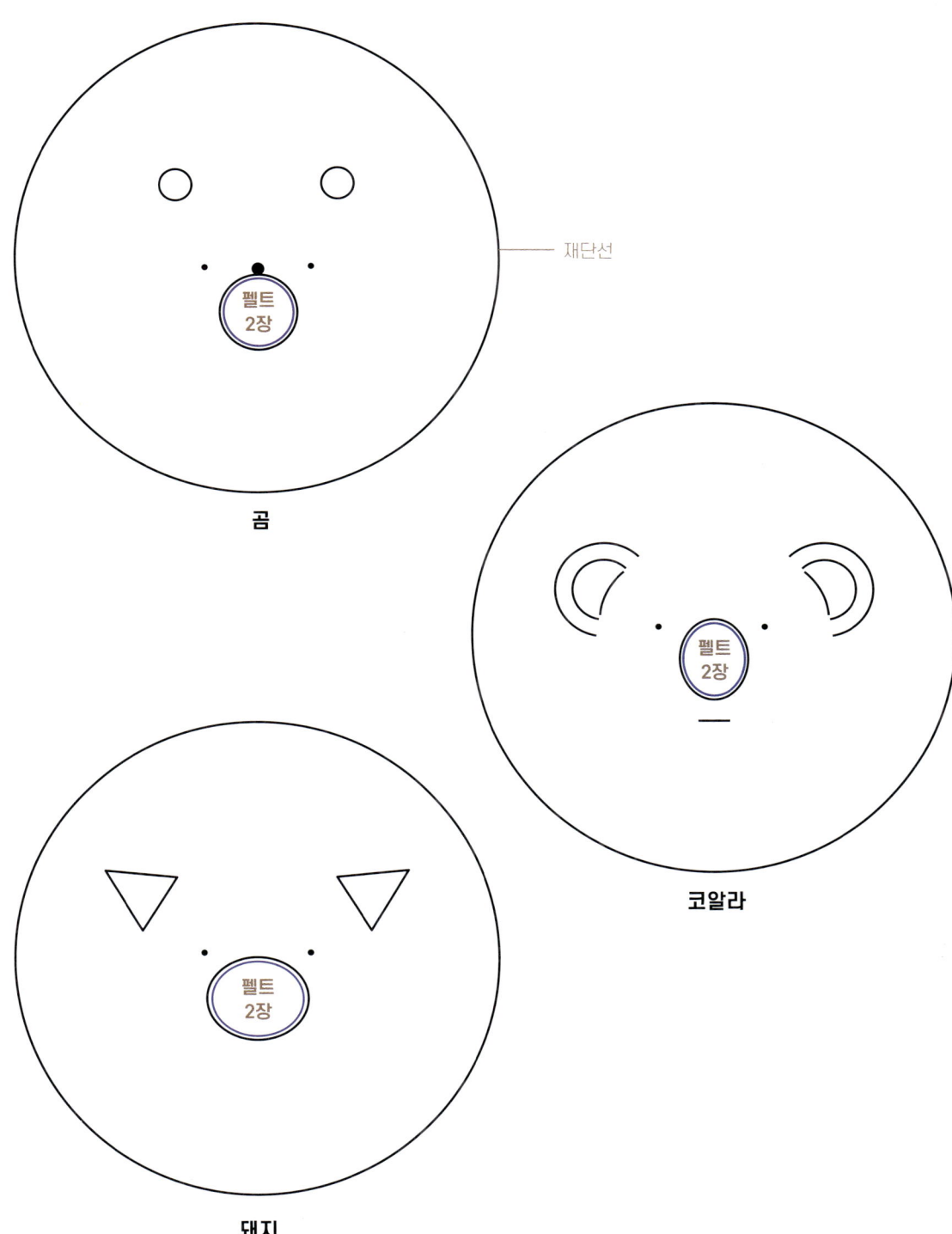

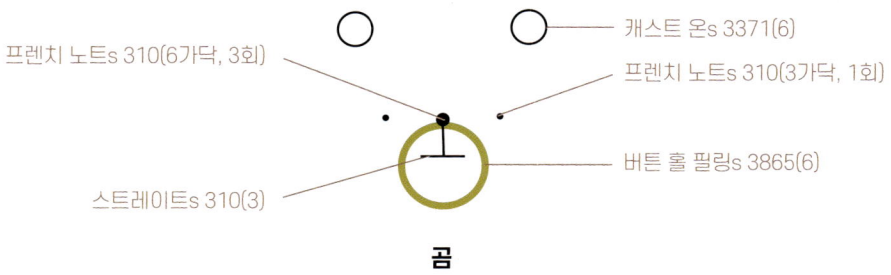

곰

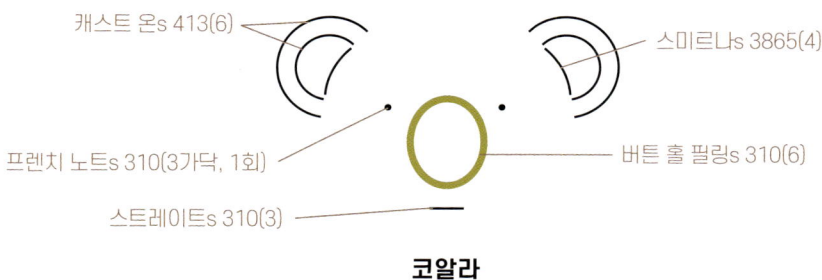

코알라

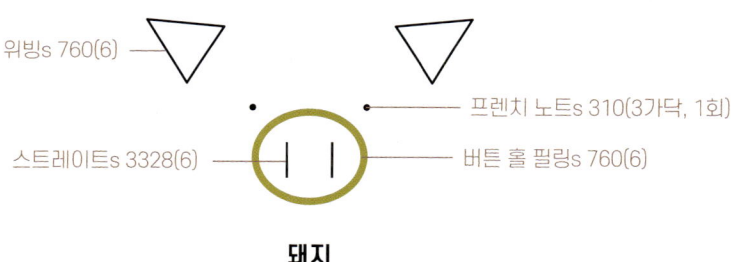

돼지

도안 설명은 스티치 → 실 번호 → (실의 가닥 수)로 표기했습니다.
예) 스트레이트s 310(3) : 310번 실 3가닥으로 스트레이트 스티치를 합니다.

그립톡에 원단 붙이기

01 원단을 자르고 재단선 0.3cm 안으로 홈질한다.

02 원형 프레임 또는 싸개 단추를 넣는다.

03 실을 당겨 조인다.

04 실을 통과하며 원단을 평평하게 만든다.

05 접착제를 발라 붙인다.

돼지 귀 고정하기

위빙 스티치로 귀를 만든 후 안쪽으로 고정한다.

Zoo watch
동물원 시계

사용한 실	» DMC 25번사 : 4, 310, 433, 471, 712, 728, 890, 911, 919, 988, 991, 996, 3363, 3806, 3865
사용한 원단	» 무명(흰색)
사용한 스티치	» 랩핑 비즈 스티치, 레이즈드 스템 스티치, 레이지 데이지 스티치, 백 스티치, 버튼 홀 필링 스티치, 새틴 스티치, 스미르나 스티치, 스트레이트 스티치, 아웃트라인 스티치, 와이어 리프 스티치, 캐스트 온 스티치, 프렌치 노트 스티치
그 외 재료	» 나무구슬 원형 8mm 3개, 수틀 28.5cm, 시계, 와이어 0.3mm, 접착제, 펠트

실물 도안 별지

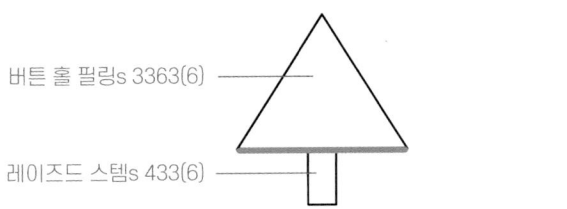

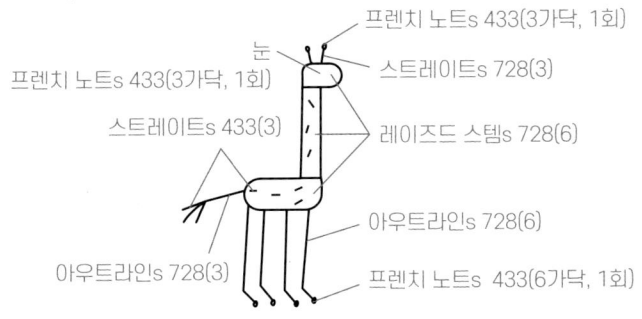
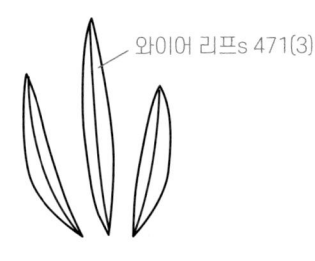

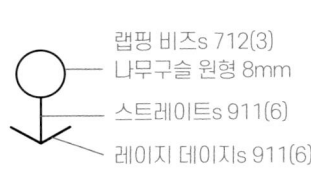
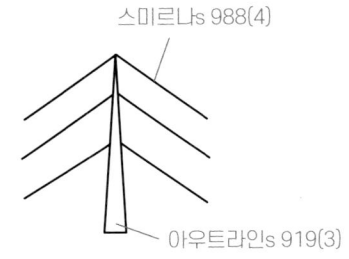

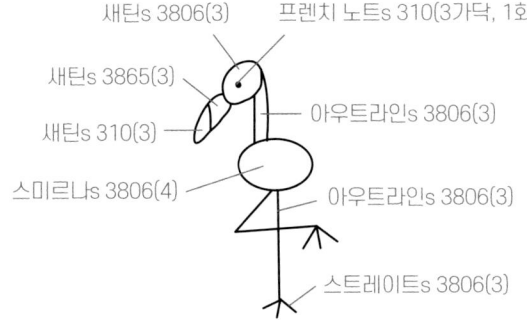

도안 설명은 스티치 → 실 번호 → (실의 가닥 수)로 표기했습니다.
예) 스트레이트s 310(3) : 310번 실 3가닥으로 스트레이트 스티치를 합니다.

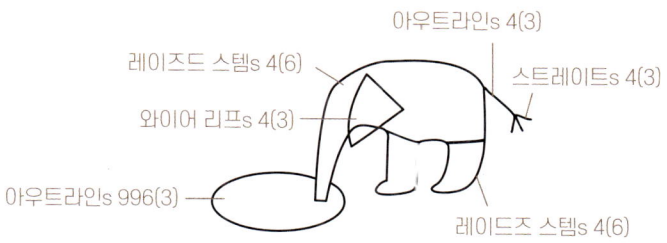

수틀로 시계 만들기

01 안쪽 수틀의 크기에 맞춰 펠트에 그린 후 자른다.

02 원단을 끼운 뒤 수틀 크기에 맞게 자른다.

03 펠트에 접착제를 바르고 뒷면에 붙인다.

04 시계 부자재를 고정한다.

Eco bag
에코백

사용한 실 » DMC 25번사 : 310, 433, 700, 928, 987, 988, 996, 3846, 3865

사용한 스티치 » 레이즈드 스템 스티치, 버튼 홀 필링 스티치, 새틴 스티치, 스미르나 스티치, 와이어 리프 스티치, 캐스트 온 스티치, 프렌치 노트 스티치

그 외 재료 » 에코백, 와이어 0.3mm

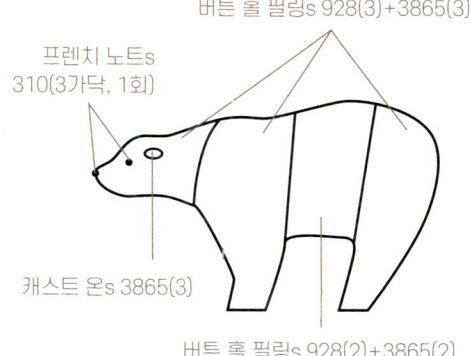

프렌치 노트s 310(3가닥, 1회)

버튼 홀 필링s 928(3)+3865(3)

캐스트 온s 3865(3)

버튼 홀 필링s 928(2)+3865(2)

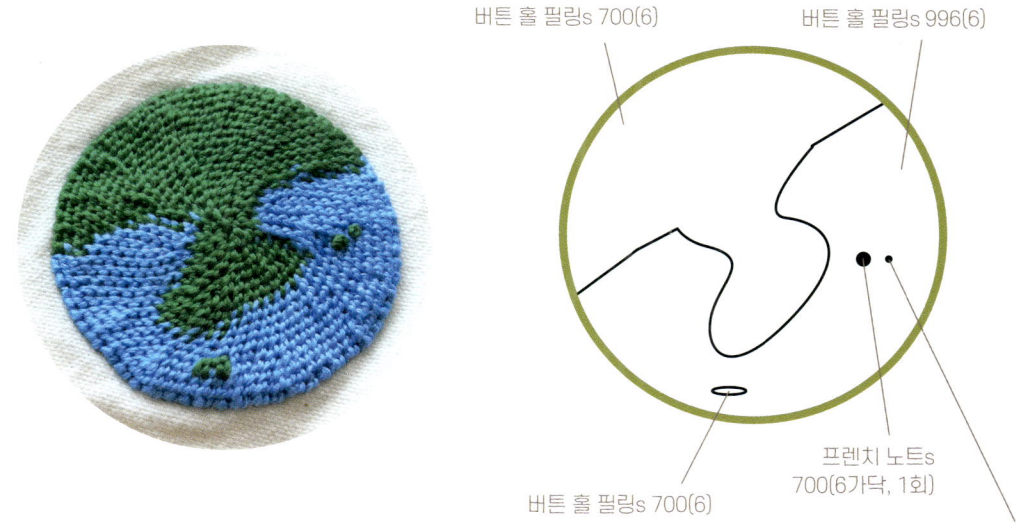

버튼 홀 필링s 700(6)

버튼 홀 필링s 996(6)

버튼 홀 필링s 700(6)

프렌치 노트s 700(6가닥, 1회)

프렌치 노트s 700(3가닥, 2회)

도안 설명은 스티치 → 실 번호 → (실의 가닥 수)로 표기했습니다.
예) 스트레이트s 310(3) : 310번 실 3가닥으로 스트레이트 스티치를 합니다.

Bookmark
책갈피

사용한 실 »	DMC 25번사 : 444, 728, 904, 987, 3770, 3834, 3865
사용한 원단 »	리넨(노란색, 보라색, 초록색, 흰색)
사용한 스티치 »	스트레이트 스티치, 와이어 리프 스티치
그 외 재료 »	꽃철사, 목공용 풀, 와이어 0.3mm

세 잎 클로버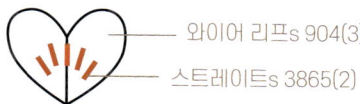

와이어 리프s 904(3)
스트레이트s 3865(2)

벚꽃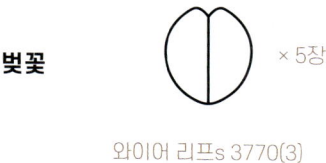

와이어 리프s 3770(3)

몬스테라

와이어 리프s 987(3)

팬지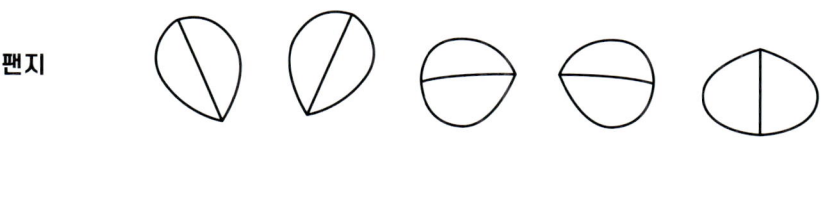

와이어 리프s 3834(3)

와이어 리프s 444(3)

와이어 리프s 444(3)
스트레이트s 3834(2)

꽃술 5개

728(6)
2.5cm
3865(6)

도안 설명은 스티치 → 실 번호 → (실의 가닥 수)로 표기했습니다.
예) 스트레이트s 310(3) : 310번 실 3가닥으로 스트레이트 스티치를 합니다.

꽃술 만들기

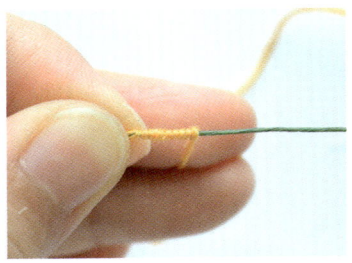

01 와이어 가운데 부분을 1cm 정도 실로 감는다.

02 실이 감긴 부분을 반으로 접는다.

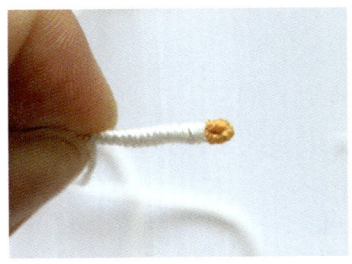

03 3865번 색상의 실로 기둥 부분을 감는다.

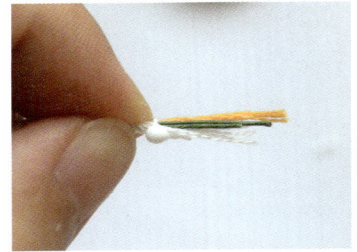

04 목공용 풀을 발라 고정한다.

줄기 만들기

01 꽃술, 꽃잎을 모아서 꽃철사 2줄을 추가한다.

02 987번 색상의 실로 줄기를 감는다.

03 와이어가 0.5cm 정도 남을 때까지 실을 감는다.

04 끝부분을 1cm 접는다.

05 남은 부분을 실로 감고 목공용 풀을 발라 마무리한다.

Part 02

인테리어

The ten traditional Symbols of Longevity

십장생

How to Make ~ 072

Alphabet
알파벳

How to Make ~ 076

Olive Wreath
올리브 리스

How to Make ~ 082

Jeju Mobile
제주 모빌

How to Make ~ 084

Pilea Pepe
필레아 페페

How to Make ~ 088

The ten traditional Symbols of Longevity
십장생

사용한 실	»	DMC 25번사 : 169, 310, 321, 433, 444, 435, 500, 606, 741, 746, 935, 987, 988, 996, 3363, 3865
사용한 원단	»	리넨(오트밀)
사용한 스티치	»	랩핑 비즈 스티치, 레이즈드 스템 스티치, 레이지 데이지 스티치, 버튼 홀 필링 스티치, 불리온 스티치, 새틴 스티치, 스미르나 스티치, 스트레이트 스티치, 아웃트라인 스티치, 와이어 리프 스티치, 프렌치 노트 스티치
그 외 재료	»	나무구슬 원형 8mm 3개, 액자, 와이어 0.3mm, 접착제, 펠트

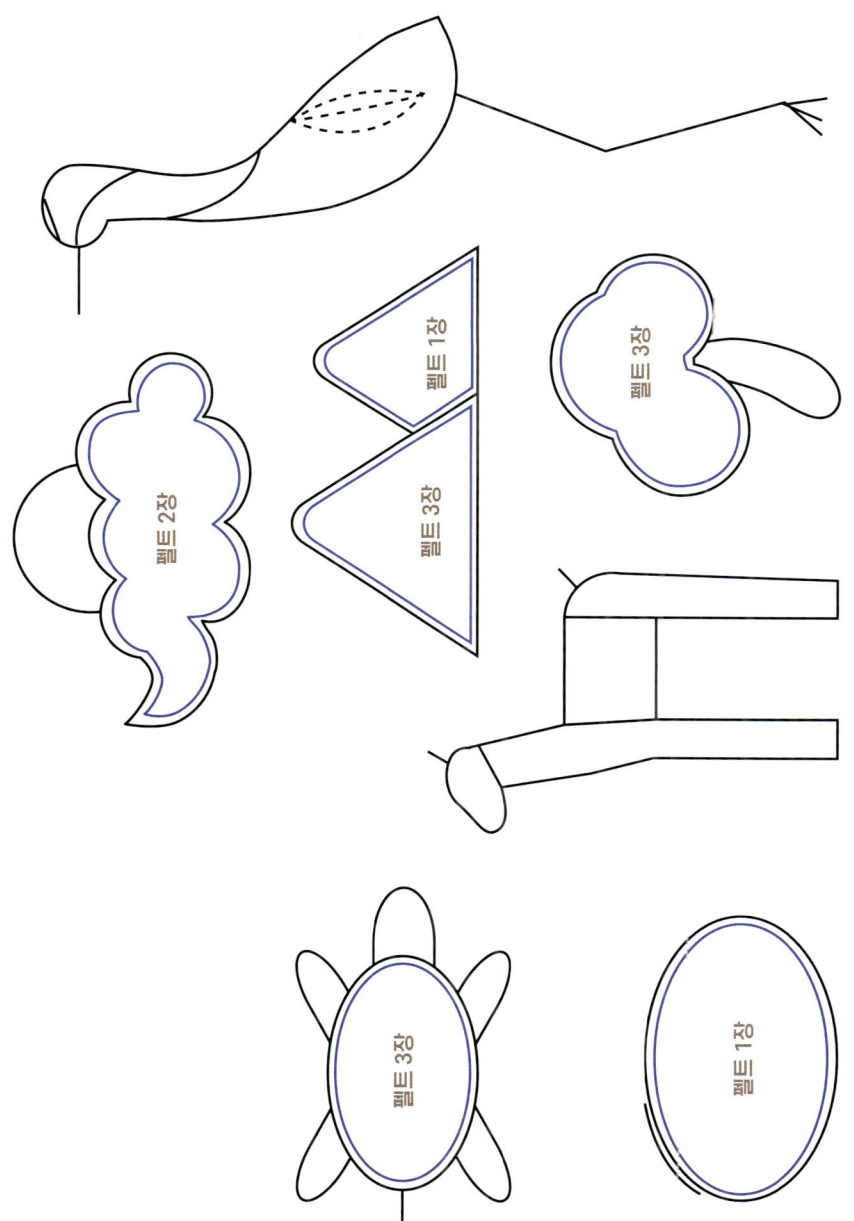

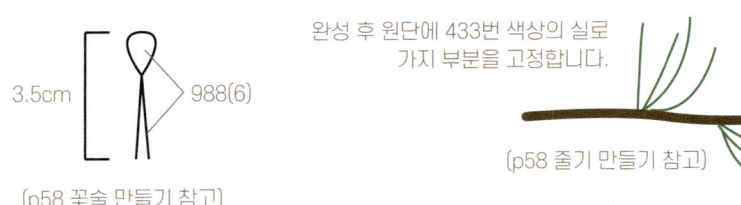

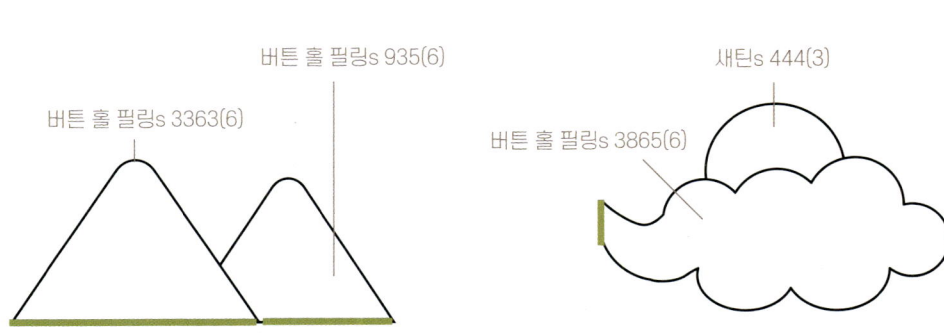

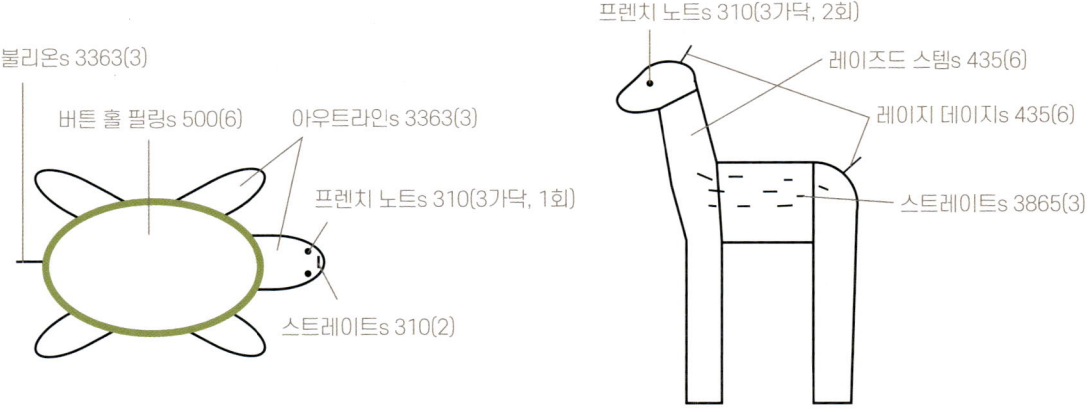

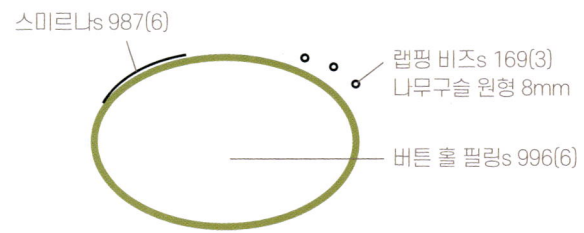

도안 설명은 스티치 → 실 번호 → (실의 가닥 수)로 표기했습니다.
예) 스트레이트s 310(3) : 310번 실 3가닥으로 스트레이트 스티치를 합니다.

액자 만들기

01 액자 뒤판에 접착제를 발라 원단을 부착한다.

02 원단을 액자 크기에 맞게 자른다.

HOW TO MAKE

Alphabet
알파벳

사용한 실 » DMC 25번사 : 153, 166, 310, 433, 444, 601, 666, 700, 704, 712, 760, 782, 904, 991, 3865

사용한 원단 » 리넨(오트밀)

사용한 스티치 » 랩핑 비즈 스티치, 레이즈드 스템 스티치, 레이지 데이지 스티치, 버튼 홀 필링 스티치, 불리온 스티치, 새틴 스티치, 스트레이트 스티치, 스파이더 웹 로즈 스티치, 아웃라인 스티치, 와이어 리프 스티치, 캐스트 온 스티치, 프렌치 노트 스티치

그 외 재료 » 나무구슬 원형 8mm 2개, 액자, 와이어 0.3mm, 펠트

실물 도안 별지

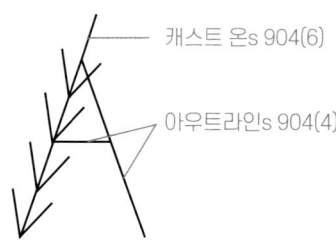

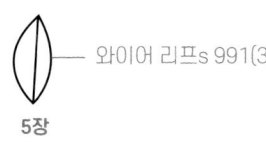
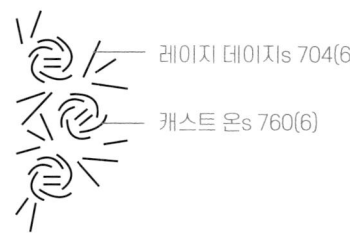
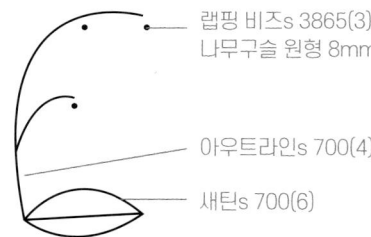
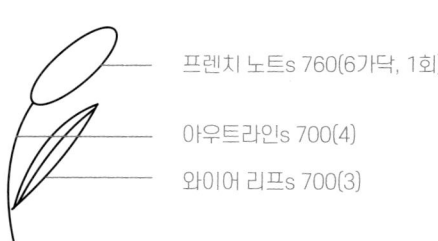
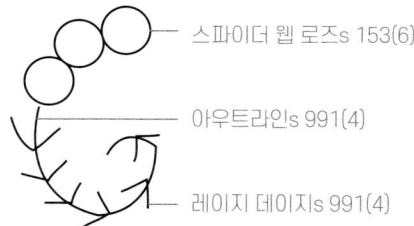
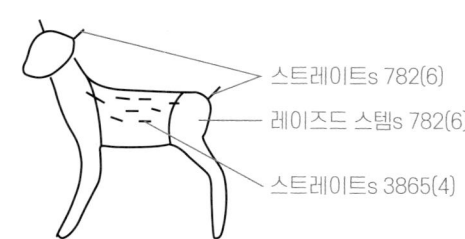

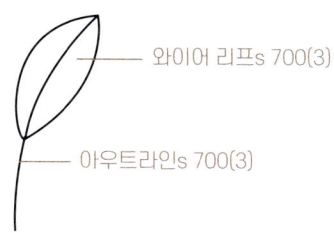
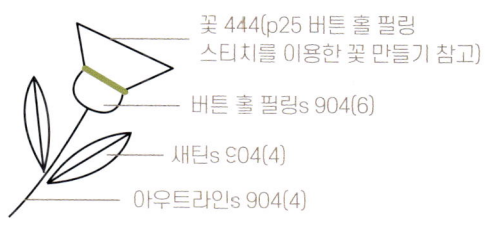

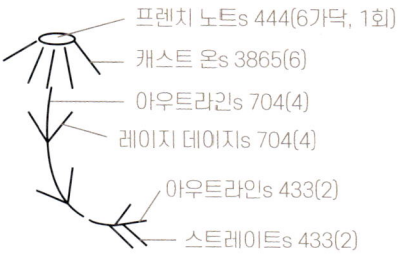
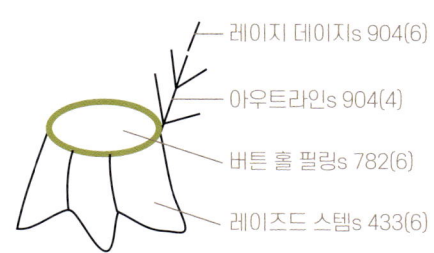

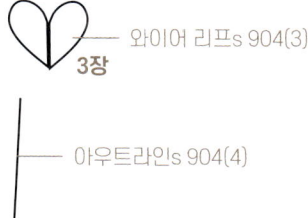

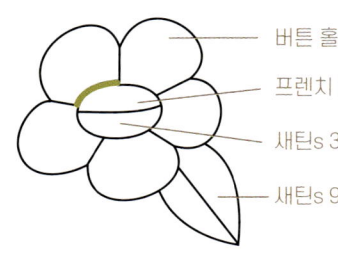
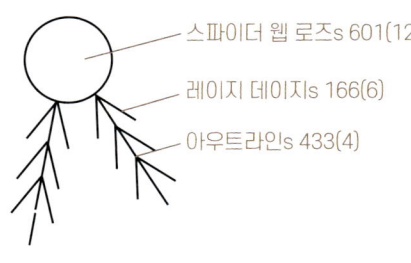
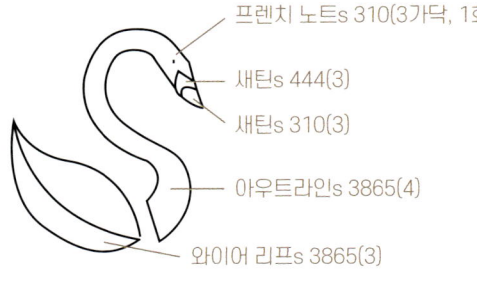
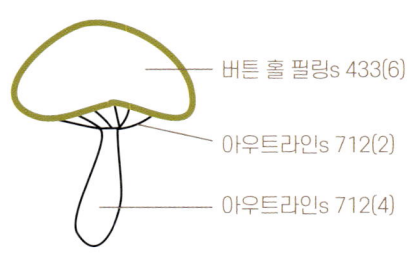
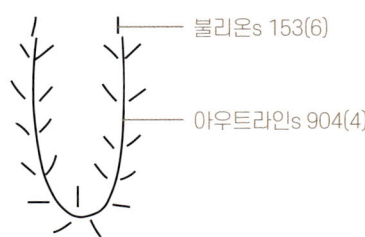
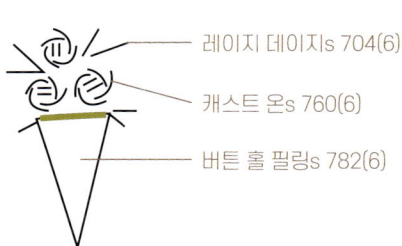
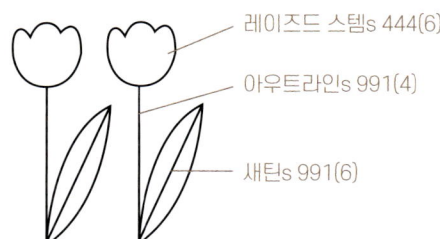
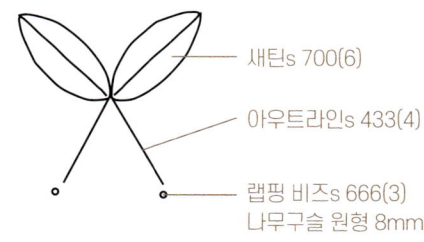

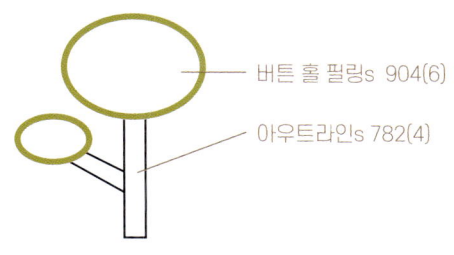 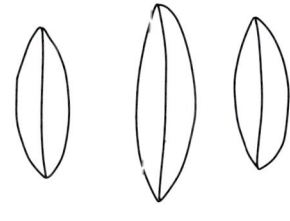

버튼 홀 필링s 904(6)
아우트라인s 782(4)

와이어 리프s 712(3)

도안 설명은 스티치 → 실 번호 → (실의 가닥 수)로 표기했습니다.
예) 스트레이트s 310(3) : 310번 실 3가닥으로 스트레이트 스티치를 합니다.

Olive Wreath
올리브 리스

사용한 실 »	DMC 25번사 : 310, 895, 987, 988
사용한 원단 »	리넨(초록색)
사용한 스티치 »	랩핑 비즈 스티치, 와이어 리프 스티치
그 외 재료 »	꽃철사, 나무구슬 타원형 12mm, 리본, 링 20cm, 목공용 풀, 와이어 0.3mm

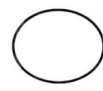

와이어 리프s 895, 987(3)
줄기당 10~15장을 만든다.

나무구슬 타원형 12mm

랩핑 비즈s 310(4)
줄기당 2~3개를 만든다.
꼬리실을 남겨준다.

도안 설명은 스티치 → 실 번호 → (실의 가닥 수)로 표기했습니다.
예) 스트레이트s 310(3) : 310번 실 3가닥으로 스트레이트 스티치를 합니다.

리스 만들기

01 꽃철사 2줄과 잎을 추가해서 988번 색상의 실로 줄기를 감는다.

02 1cm 간격으로 잎을 추가한다.

03 올리브 열매도 추가해서 마무리한다(p58 줄기 만들기 참고).

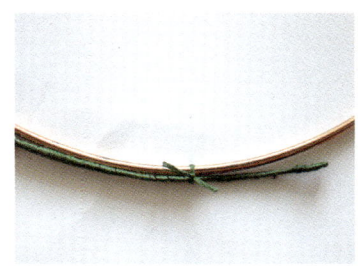

04 988번 색상의 실로 줄기와 링을 묶는다.

05 리본을 묶어서 마무리한다.

Jeju Mobile
제주 모빌

사용한 실	» DMC 25번사 한라산 : 987, 3846 동백 : 321, 433, 728, 890, 3865 돌담 : 4
사용한 원단	» 리넨(빨간색, 초록색)
사용한 스티치	» 랩핑 비즈 스티치, 버튼 홀 필링 스티치, 와이어 리프 스티치
그 외 재료	» 나무구슬 원형 10mm 9개, 목공용 풀, 와이어 0.3mm, 접착제, 펠트

한라산

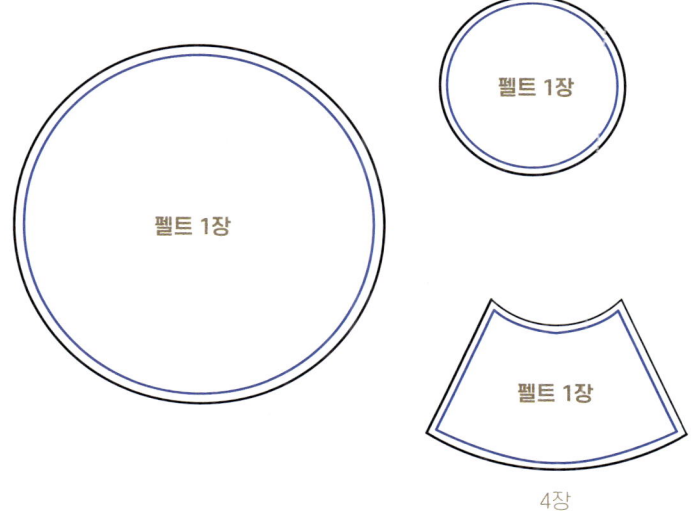

펠트 1장

펠트 1장

펠트 1장

4장

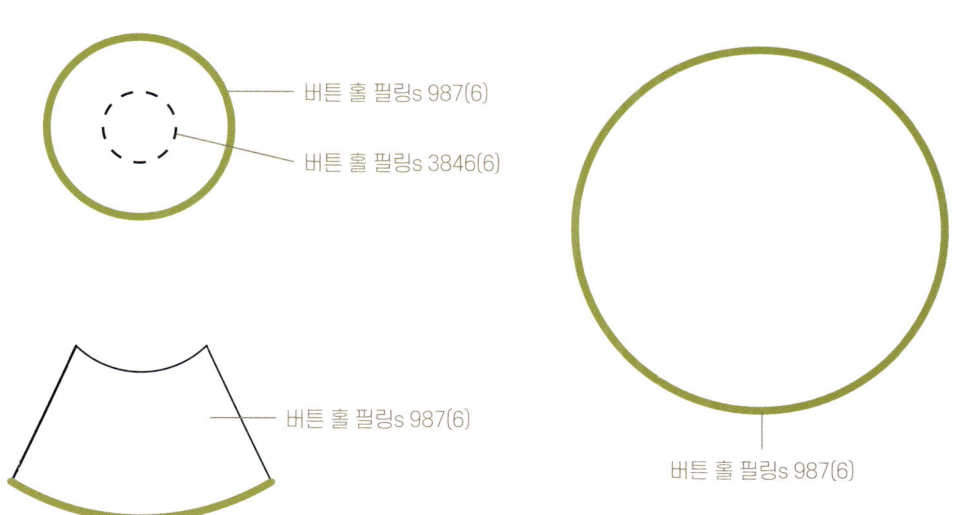

버튼 홀 필링s 987(6)

버튼 홀 필링s 3846(6)

버튼 홀 필링s 987(6)

버튼 홀 필링s 987(6)

동백

와이어 리프s 321(3)

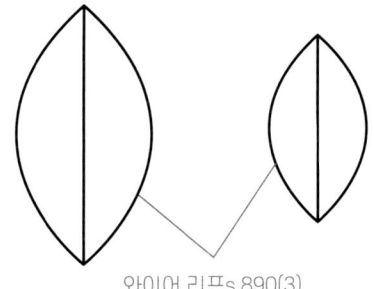

와이어 리프s 890(3)

돌담

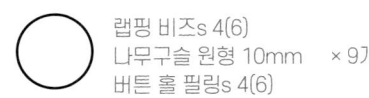

랩핑 비즈s 4(6)
나무구슬 원형 10mm × 9개
버튼 홀 필링s 4(6)

꽃술 8~10개

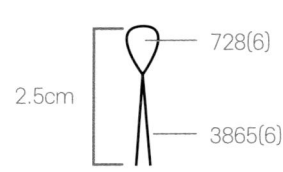

(p58 꽃술 만들기 참고)

모빌 만들기

돌담

구슬 9개를 접착제로 고정한다.

도안 설명은 스티치 → 실 번호 → (실의 가닥 수)로 표기했습니다.
예) 스트레이트s 310(3) : 310번 실 3가닥으로 스트레이트 스티치를 합니다.

동백

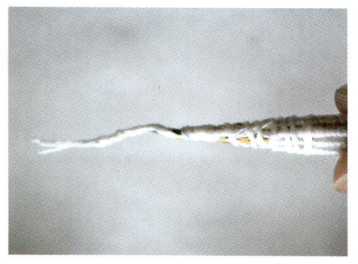  

01 꽃술 8~10개를 실로 감아 고정한다.

02 꽃잎 5장을 추가한 후 3865번 색상의 실로 줄기를 감는다.

03 433번 색상의 실로 줄기를 감으면서 잎 2개를 추가해 마무리한다(p58 줄기 만들기 참고).

한라산

01 시접 0.5cm를 남기고 자른다.

02 옆면 시접을 안쪽으로 접고 감침질한다.

03 위, 아래도 감침질한다.

모빌 연결

실로 모티브들을 통과시켜 연결한다.

Pilea Pepe
필레아 페페

사용한 실	»	DMC 25번사 : 301, 987
사용한 원단	»	리넨(초록색)
사용한 스티치	»	와이어 리프 스티치
그 외 재료	»	꽃철사, 목공용 풀, 와이어 0.3mm, 자갈, 화분

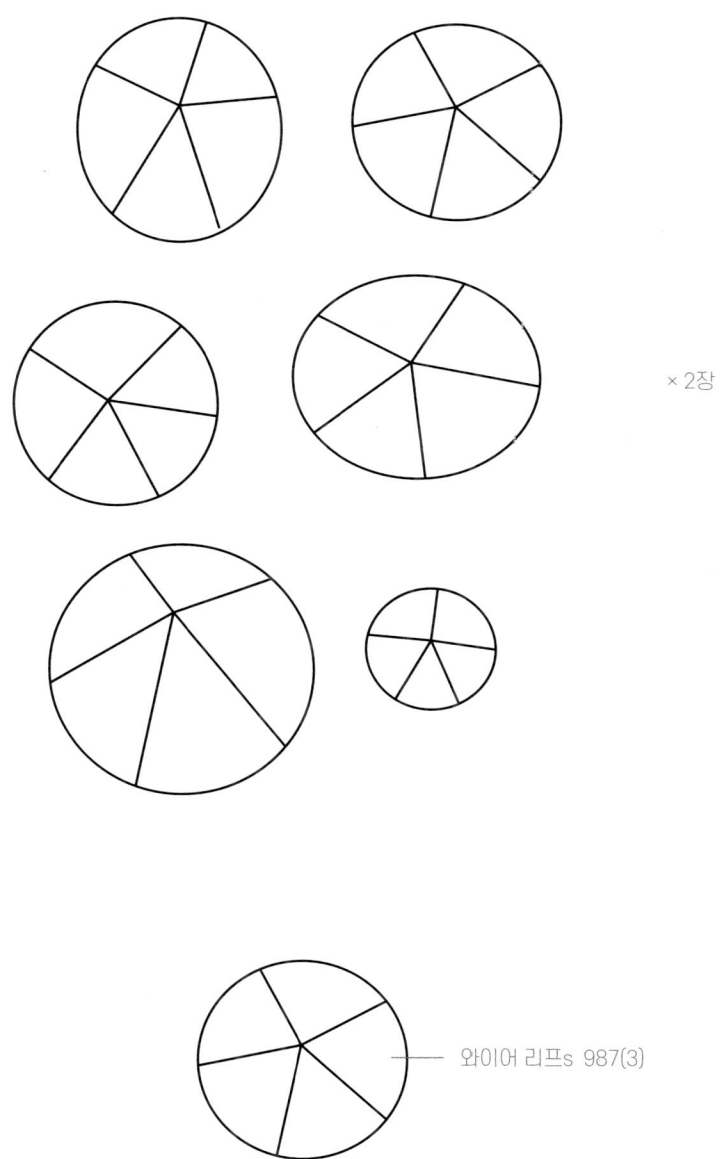

× 2장

와이어 리프s 987(3)

도안 설명은 스티치 → 실 번호 → (실의 가닥 수)로 표기했습니다.
예) 스트레이트s 310(3) : 310번 실 3가닥으로 스트레이트 스티치를 합니다.

필레아 페페 화분 만들기

01 와이어는 0.5cm 정도 겹치게 고정한 후 잘라 마무리한다.

02 재단 후 20cm 길이로 실을 잘라서 뒤에서 앞으로 가운데를 통과시킨다.

03 나왔던 구멍 옆으로 들어가서 기둥 실을 만든다.

04 꽃철사를 추가해서 기둥 실과 함께 987번 색상의 실로 줄기를 감는다.

05 줄기들을 모아서 301번 색상의 실로 감는다.

06 화분에 작은 종이를 넣는다.

07 필레아 페페를 넣고 자갈을 넣어 마무리한다.

Part 03

주방 소품

Magnet
마그넷

How to Make ~ 104

아보카도

달걀 프라이

Apron
앞치마

How to Make ~ 108

Kitchen Gloves
주방 장갑

How to Make ~ 110

Tea Coaster
티코스터

How to Make ~ 116

Dish Cloth
행주

How to Make ~ 120

Magnet
마그넷

사용한 실	»	DMC 25번사 아보카도 : 300, 712, 772, 890 달걀 프라이 : 167, 728, 3865
사용한 원단	»	리넨(초록색, 흰색)
사용한 스티치	»	버튼 홀 필링 스티치
그 외 재료	»	꽃철사, 솜, 자석, 목공용 풀, 원형 스티로폼

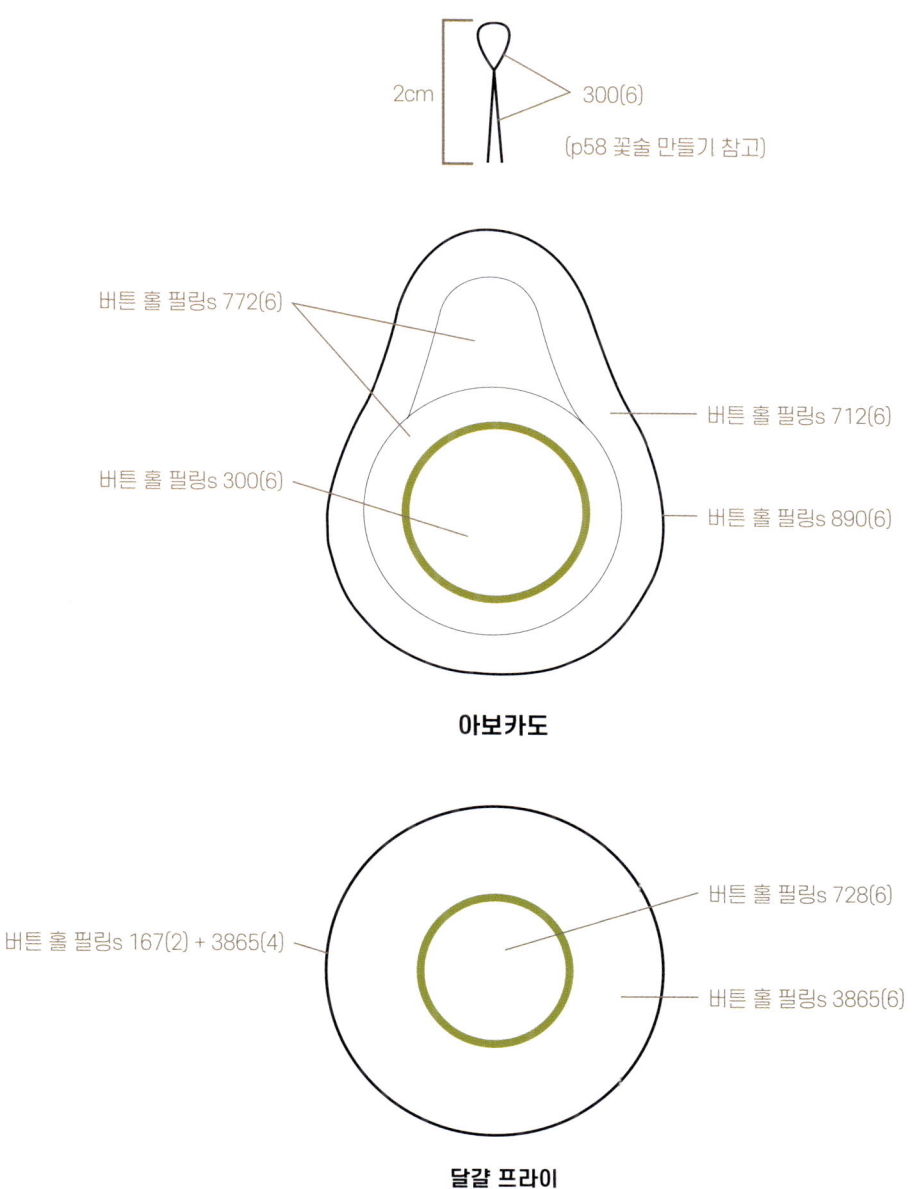

도안 설명은 스티치 → 실 번호 → (실의 가닥 수)로 표기했습니다.
예) 스트레이트s 310(3) : 310번 실 3가닥으로 스트레이트 스티치를 합니다.

아보카도 만들기

01 원형 스티로폼을 반으로 자른다.

02 아보카도 씨를 만들기 위한 기둥을 수놓는다.

03 스티로폼을 고정한다.

04 같은 방향으로 돌면서 아보카도 씨를 완성한다.

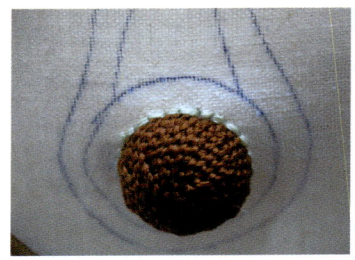

05 씨 주변으로 기둥을 수놓는다.

06 코 늘리기를 하면서 버튼 홀 필링 스티치를 한다.

07 윗부분은 같은 방향으로 수놓아야 깔끔하다.

08 712번 색상의 실로 과육 전체를 수놓는다.

09 890번 색상의 실로 테두리 부분을 수놓는다.

10 초록색 원단과 겹쳐서 씨 주변을 홈질한다.

11 시접 0.5cm를 남기고 원단을 자른다.

12 시접은 안쪽으로 접고 꼭지 부분을 남긴 후 감침질한다.

Tip. 달걀 프라이는 아보카도 1~6번, 10~13번과 같은 방법으로 작업한다.

13 솜과 꼭지를 넣고 감침질로 마무리한 후 자석을 붙인다.

Magnet
앞치마

사용한 실 »	DMC 25번사 : 712, 782
사용한 스티치 »	레이즈드 스템 스티치, 백 스티치, 버튼 홀 필링 스티치, 불리온 스티치, 스미르나 스티치, 아웃라인 스티치, 프렌치 노트 스티치
그 외 재료 »	앞치마, 펠트

도안 설명은 스티치 → 실 번호 → (실의 가닥 수)로 표기했습니다.
예) 스트레이트s 310(3) : 310번 실 3가닥으로 스트레이트 스티치를 합니다.

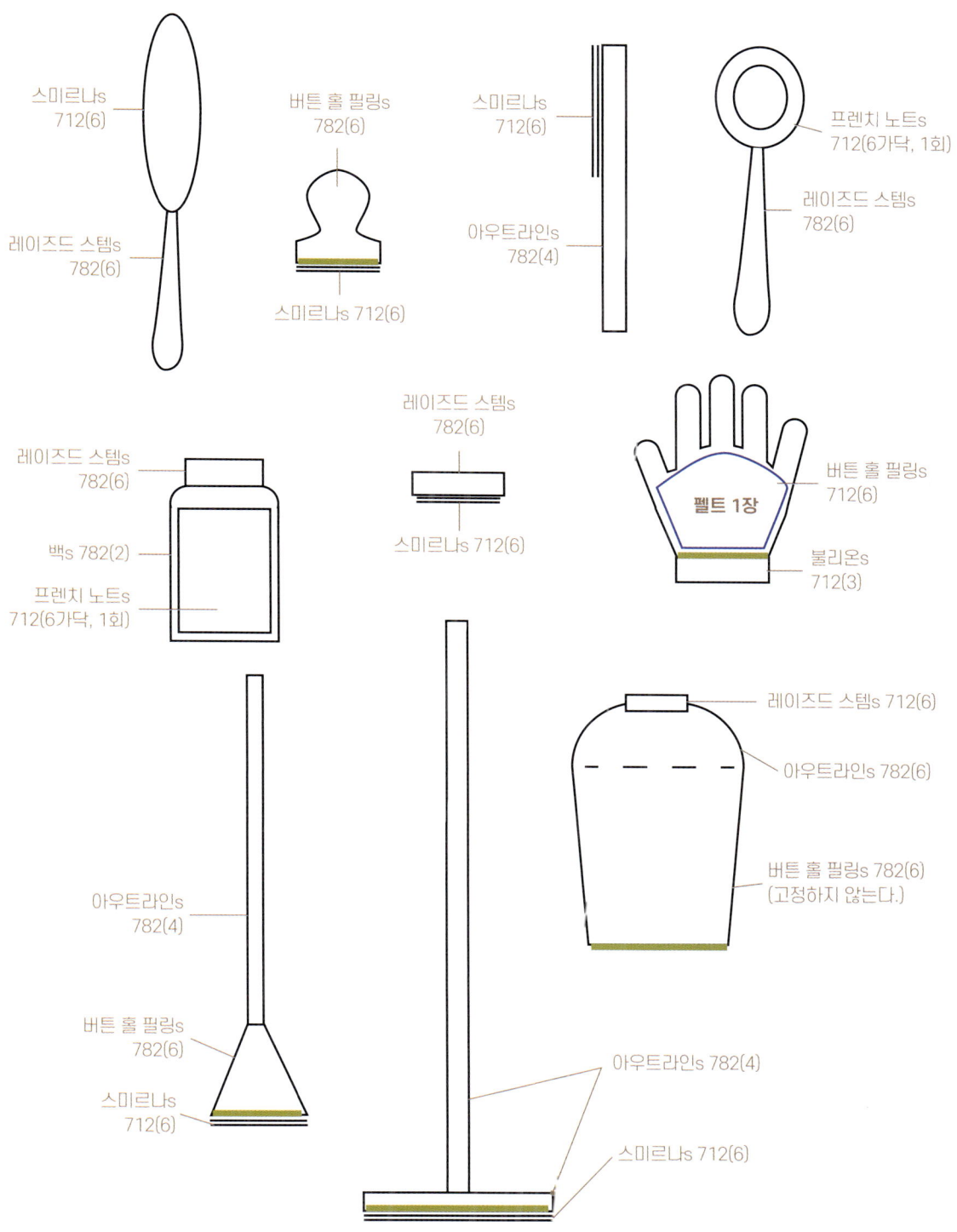

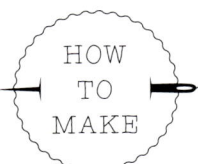

HOW TO MAKE

Kitchen Gloves
주방 장갑

사용한 실	»	DMC 25번사
		도넛 : 435, 444, 3806 복숭아 : 352, 433, 987
		식빵 : 435, 3865 라임 : 433, 471, 987
		프레즐 : 301 체리 : 433, 666, 700
		바게트 : 301, 3865 나무 : 433, 3363
		스마일 : 310, 728 식물 : 987, 988
사용한 원단	»	면(체크, 무지)
사용한 스티치	»	레이즈드 스템 스티치, 버튼 홀 필링 스티치, 스트레이트 스티치
그 외 재료	»	접착솜, 펠트, 나무구슬 원형 8mm 2개, 고리용 리본

실물 도안 별지

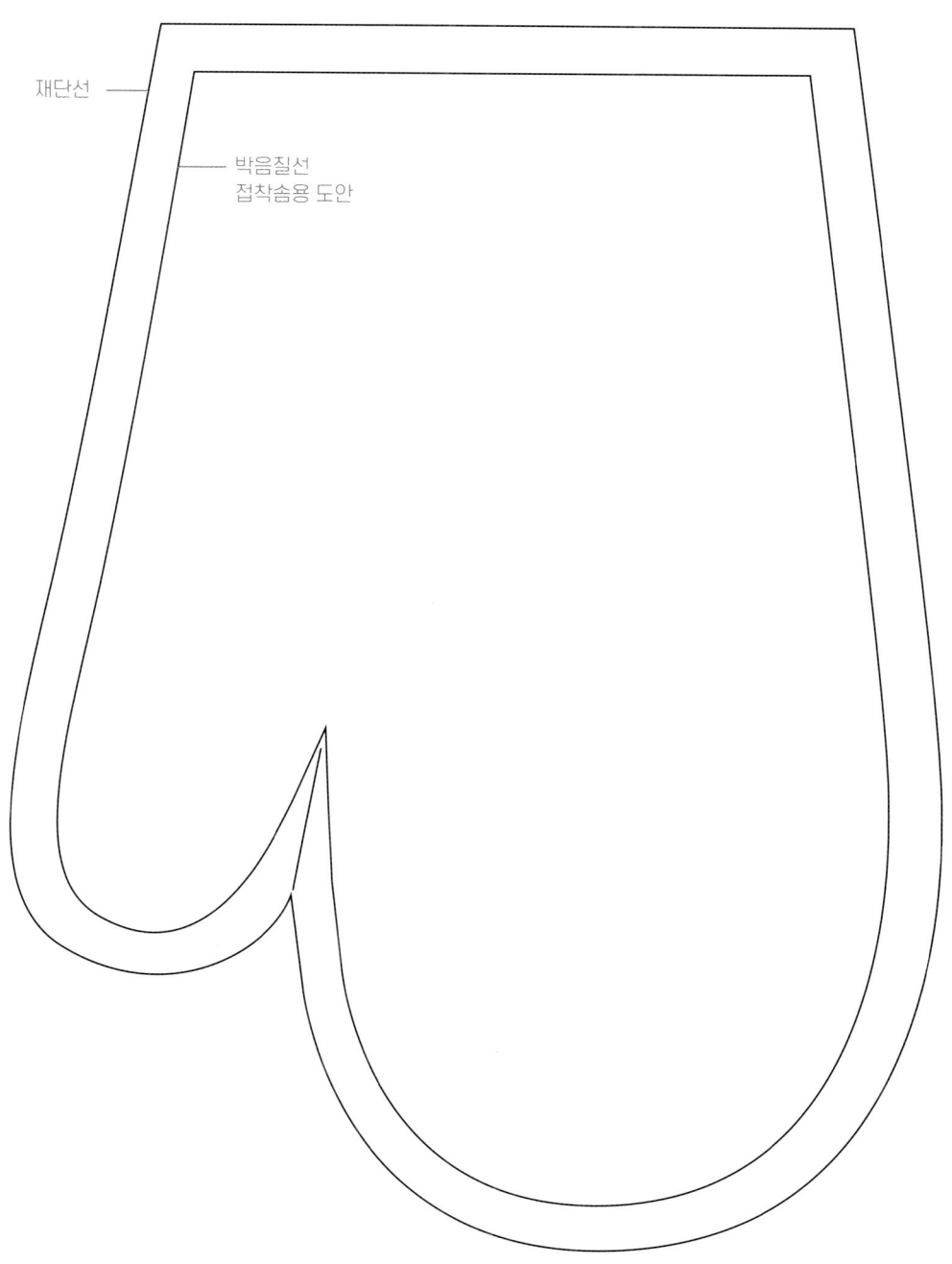

재단선

박음질선
접착솜용 도안

 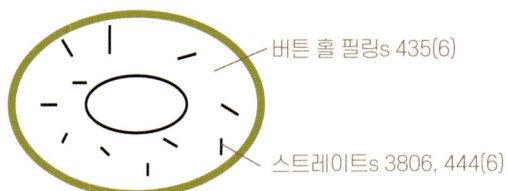

 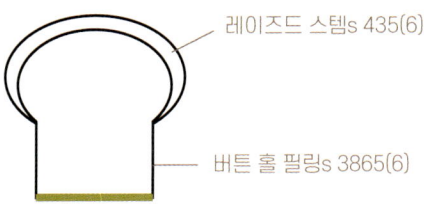

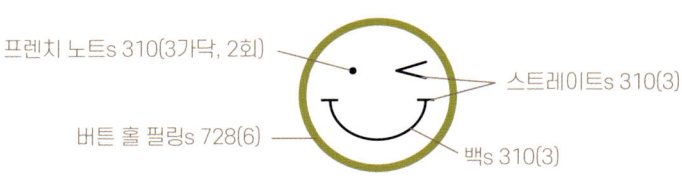 

버튼 홀 필링 스티치 작업 후 얼굴 표정은 수성펜으로 그려서 수놓아주세요.

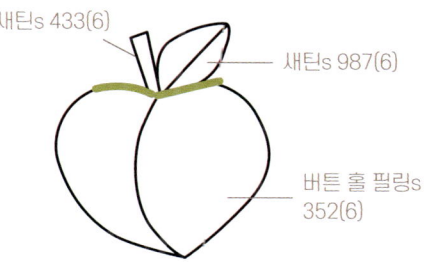

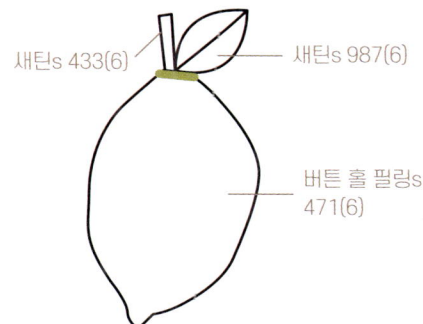

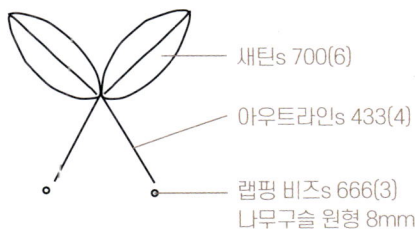

도안 설명은 스티치 → 실 번호 → (실의 가닥 수)로 표기했습니다.
예) 스트레이트s 310(3) : 310번 실 3가닥으로
스트레이트 스티치를 합니다.

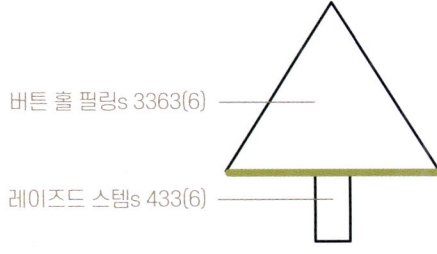
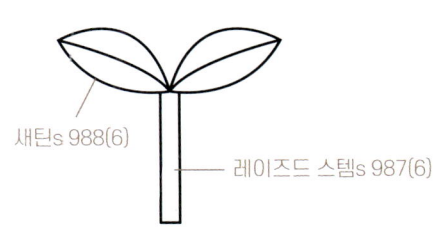

주방 장갑 만들기

겉감

01 손등에는 장갑 패턴과 자수 도안을 그리고, 손바닥에는 장갑 패턴을 그린다.

02 자수 부분을 안쪽으로 두고 손목 부분을 제외하고 받음질한다.

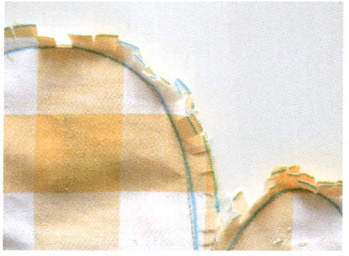

03 곡선 부분은 0.5cm 간격으로 가위집을 낸다.

04 손목 시접은 안쪽으로 접는다.

안감

01 겉감 01~03번 과정을 반복하고 손바닥 면에 접착솜을 부착한다.

02 손목 시접은 겉으로 접는다.

03 안감을 겉감 안으로 넣어 손목 부분을 시침핀으로 고정한 후 공그르기한다.

04 리본을 달아 고리를 만든다.

Tea Coaster
티코스터

사용한 실 »	DMC 25번사 : 32, 347, 728, 895
사용한 원단 »	리넨(진분홍색, 흰색, 보라색, 노란색)
사용한 스티치 »	랩핑 비즈 스티치, 백 스티치, 새틴 스티치, 아웃트라인 스티치
그 외 재료 »	나무구슬 원형 10mm 4개(티코스터 1개당 필요량)

도안 설명은 스티치 → 실 번호 → (실의 가닥 수)로 표기했습니다.
예) 스트레이트s 310(3) : 310번 실 3가닥으로 스트레이트 스티치를 합니다.

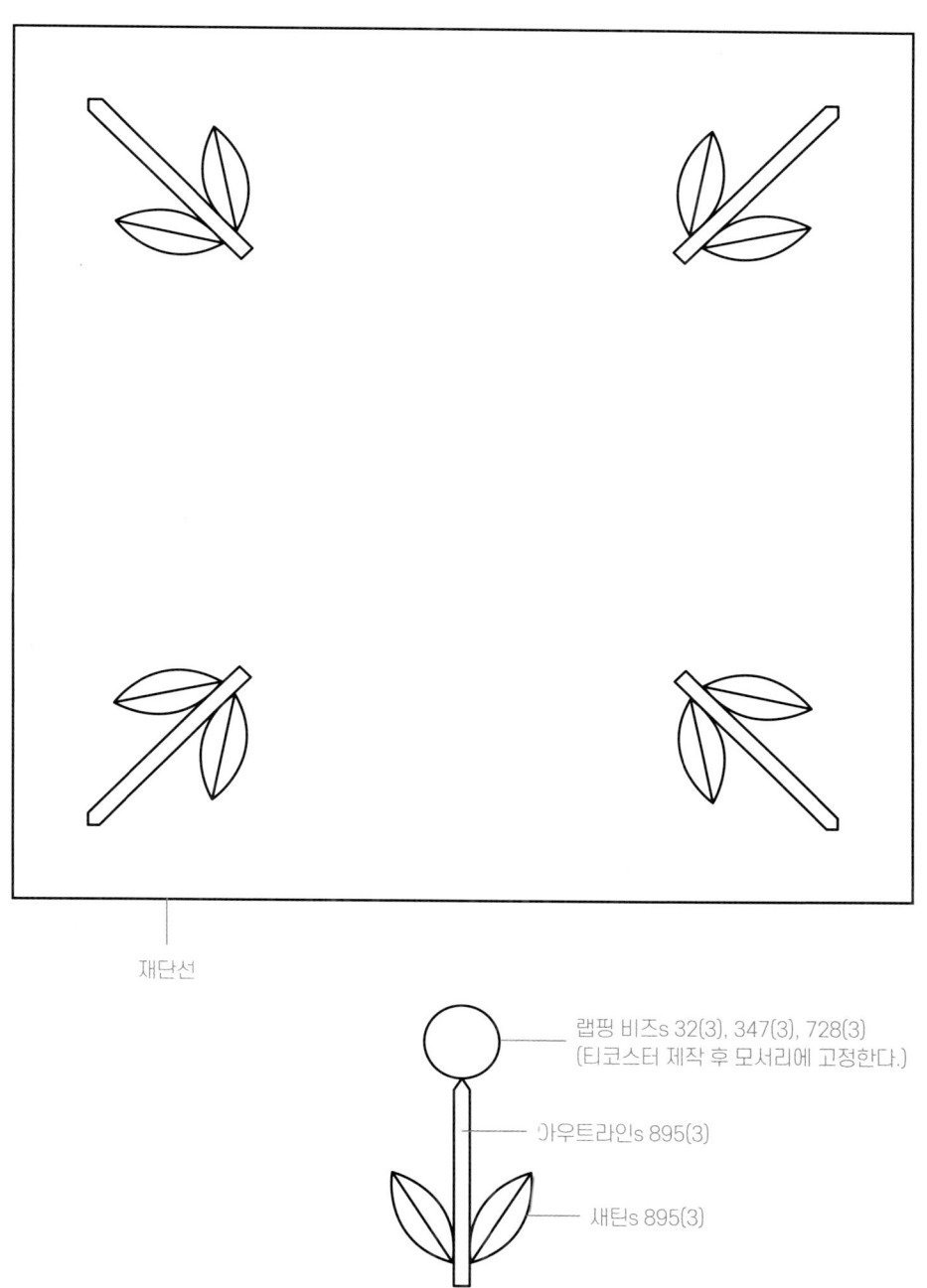

티코스터 만들기

01 원단을 재단한다.

02 앞면을 마주 보게 두고 뒷면에 시접 1cm를 그린다.

03 창구멍(4cm)을 제외하고 박음질을 후 모서리는 사선으로 자른다.

04 원단을 뒤집고 공그르기한 후 구슬을 달아준다.

Dish Cloth
행주

사용한 실 » DMC 25번사
서양배 : 166, 433, 987
복숭아 : 352, 433, 987
딸기 : 321, 987, 3865
레몬 : 166, 433, 987
가지 : 791, 987
사탕무 : 321, 987
당근 : 741, 987
버섯 : 433, 712

사용한 스티치 » 레이지 데이지 스티치, 버튼 홀 필링 스티치, 새틴 스티치, 스트레이트 스티치, 아웃트라인 스티치

그 외 재료 » 펠트, 행주

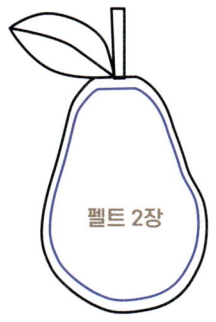
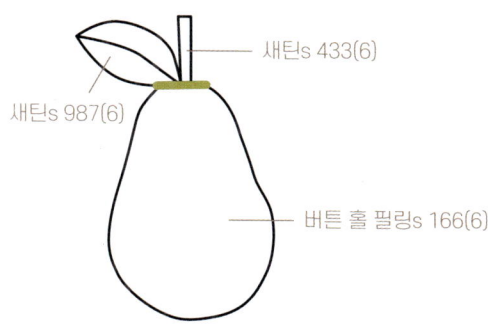

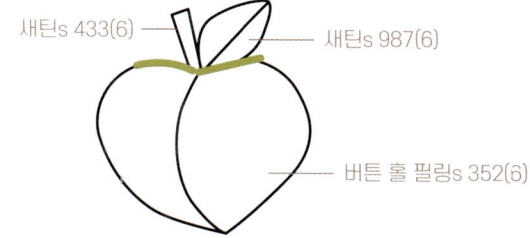

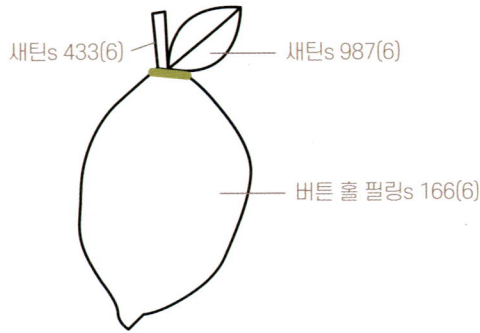
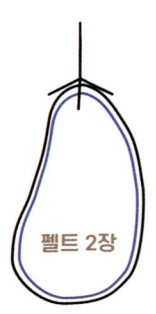
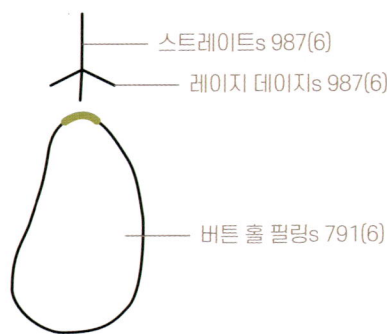

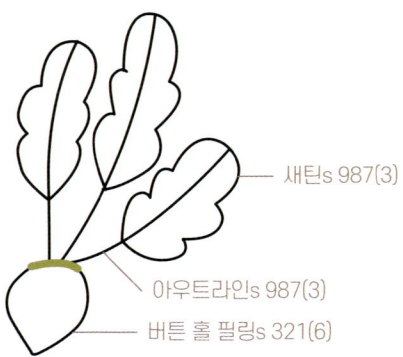

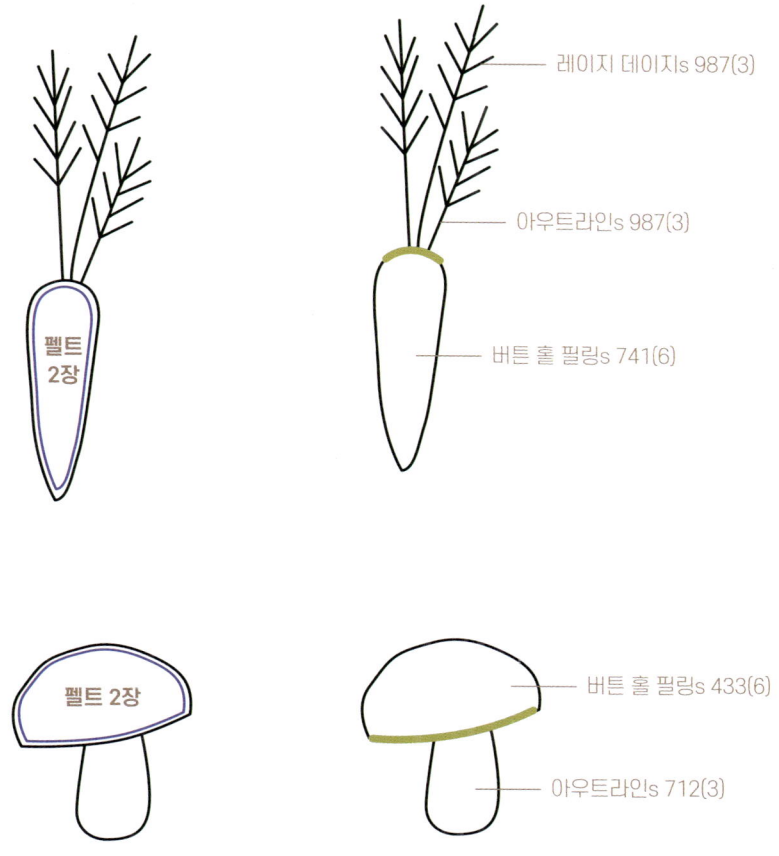

도안 설명은 스티치 → 실 번호 → (실의 가닥 수)로 표기했습니다.
예) 스트레이트s 310(3) : 310번 실 3가닥으로 스트레이트 스티치를 합니다.

Part 04

액세서리

Earring
귀걸이

How to Make ∼ 136

Sunflower Hair Strap/Pin
해바라기 머리끈/핀

How to Make ~ 138

Smile Butonier
스마일 부토니에

How to Make ~ 140

Brooch
브로치

How to Make ~ 142

은방울

골든볼

블루베리

Key ring
키 링

How to Make ~ 146

HOW TO MAKE

Earring

귀걸이

사용한 실 » DMC 25번사 : 4, 3865
사용한 스티치 » 랩핑 비즈 스티치, 버튼 홀 필링 스티치
그 외 재료 » 귀걸이 침, 나무구슬 원형 8mm, 접착제

랩핑 비즈s 3865(6)
나무구슬 원형 8mm × 2개

버튼 홀 필링s 3865(6)

실을 정리한 뒤 귀걸이 침에 접착제를 발라 붙인다.

도안 설명은 스티치 → 실 번호 → (실의 가닥 수)로 표기했습니다.
예) 스트레이트s 310(3) : 310번 실 3가닥으로 스트레이트 스티치를 합니다.

Sunflower Hair Strap/Pin
해바라기 머리끈/핀

사용한 실	»	DMC 25번사 : 310, 433, 444, 728, 904, 988
사용한 원단	»	리넨(흰색)
사용한 스티치	»	위빙 스티치, 프렌치 노트 스티치
그 외 재료	»	머리끈, 머리핀, 싸개 단추 2cm, 접착제
Tip	»	1. 안쪽 꽃잎부터 위빙을 수놓는다. 2. 뒷줄은 처음 작업했던 잎을 시침핀으로 고정해서 작업한다.

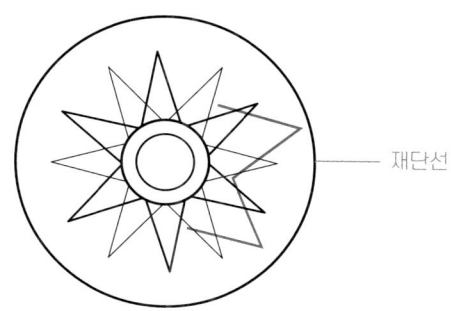

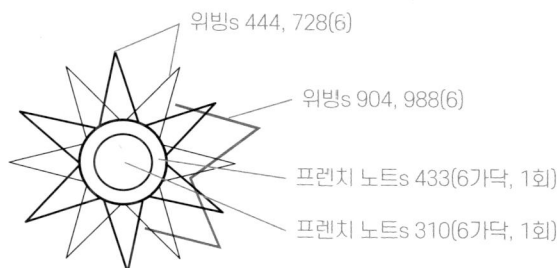

도안 설명은 스티치 → 실 번호 → (실의 가닥 수)로 표기했습니다.
예) 스트레이트s 310(3) : 310번 실 3가닥으로 스트레이트 스티치를 합니다.

HOW TO MAKE

Smile Butonier
스마일 부토니에

사용한 실 » DMC 25번사 : 310, 728

사용한 원단 » 리넨(노란색)

사용한 스티치 » 백 스티치, 버튼 홀 필링 스티치, 스트레이트 스티치, 프렌치 노트 스티치

그 외 재료 » 부토니에 핀, 싸개 단추 2cm, 접착제, 펠트

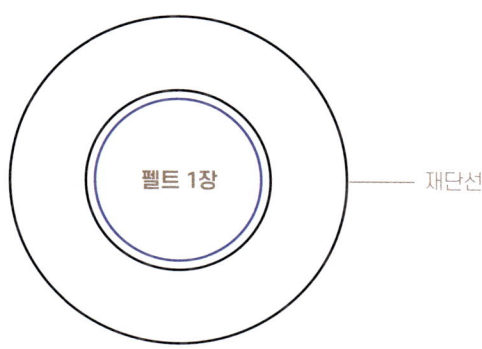

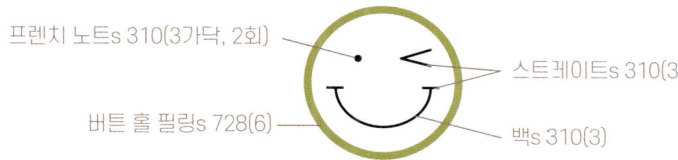

버튼 홀 필링 스티치 작업 후 얼굴 표정은
수성펜으로 그려서 수놓아주세요.

도안 설명은 스티치 → 실 번호 → (실의 가닥 수)로 표기했습니다.
예) 스트레이트s 310(3) : 310번 실 3가닥으로 스트레이트 스티치를 합니다.

Brooch
브로치

사용한 실 »	DMC 25번사 은방울 : 988, 3865 블루베리 32, 153, 167, 823, 895, 3750 골든볼 : 728, 987
사용한 원단 »	리넨(초록색)
사용한 스티치 »	랩핑 비즈 스티치, 와이어 리프 스티치
그 외 재료 »	꽃철사, 나무구슬 원형 8mm, 목공용 풀, 브로치

은방울

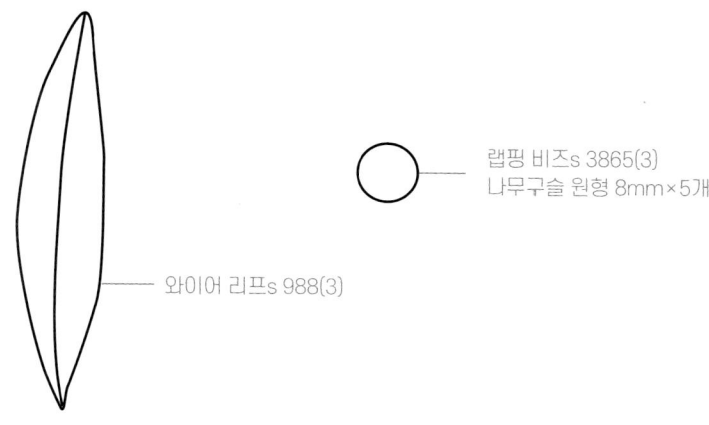

랩핑 비즈s 3865(3)
나무구슬 원형 8mm×5개

와이어 리프s 988(3)

블루베리

와이어 리프s 895(3)

랩핑 비즈s 32, 153, 823, 3750(3)
나무원형 구슬 8mm×8개(색상별로 2개씩)

골든볼

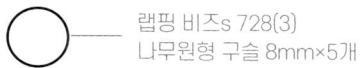

랩핑 비즈s 728(3)
나무원형 구슬 8mm×5개

도안 설명은 스티치 → 실 번호 → (실의 가닥 수)로 표기했습니다.
예) 스트레이트s 310(3) : 310번 실 3가닥으로 스트레이트 스티치를 합니다.

브로치 만들기

은방울

01 꽃철사를 랩핑 비즈 구멍에 끼운다.

02 988번 색상의 실로 꼬리실을 포함해서 줄기를 감는다.

03 1cm 간격으로 구슬을 추가한다.

04 줄기와 잎을 포함해서 감아 마무리한다(p58 줄기 만들기 참고).

골든볼

줄기를 모아 167번 색상의 실로 리본을 만들어 마무리한다.

블루베리

01 줄기와 잎을 포함해서 감아 마무리한다(p58 줄기 만들기 참고).

02 줄기를 구부러준다.

브로치 핀 고정하기

01 브로치 핀을 열어 준비한다.

02 자수 뒷면 실을 떠서 구멍을 2~3회 통과하며 양쪽을 고정한다.

03 반대편 구멍도 같은 방법으로 고정한다.

Key ring
키 링

사용한 실 » DMC 25번사 : 469, 524, 772, 895, 987, 3363
사용한 원단 » 리넨(초록색)
사용한 스티치 » 버튼 홀 필링 스티치, 프렌치 노트 스티치
그 외 재료 » 솜, 키 링, 펠트

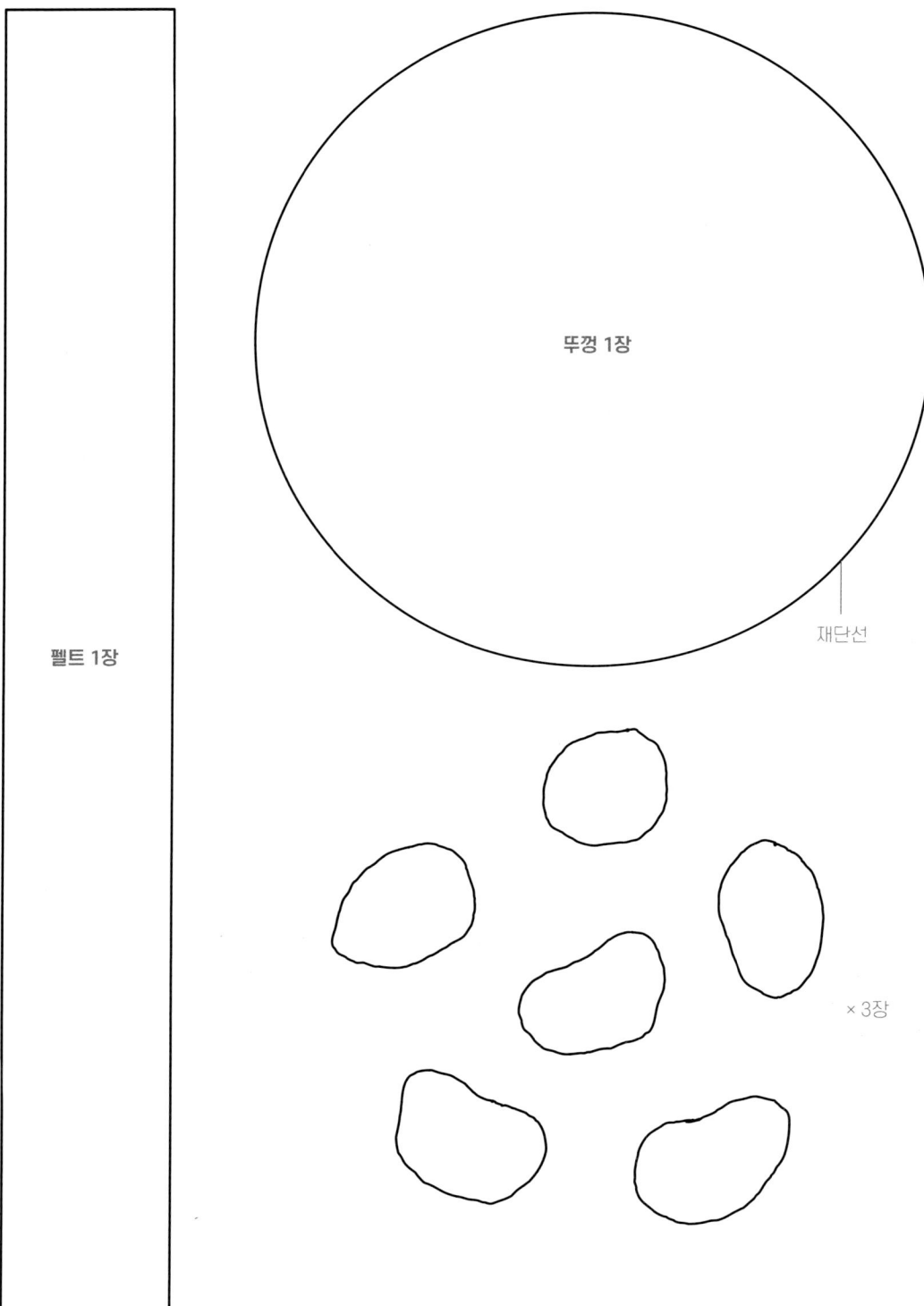

프렌치 노트s(1~3회)
469(6)
469(3)+895(3)
524(6)
895(6)
987(6)
3363(6)

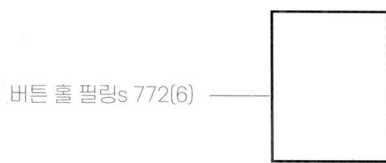

버튼 홀 필링s 772(6)

도안 설명은 스티치 → 실 번호 → (실의 가닥 수)로 표기했습니다.
예) 스트레이트s 310(3) : 310번 실 3가닥으로 스트레이트 스티치를 합니다.

브로콜리 만들기

01 펠트 2×25cm 크기로 재단 후 말아서 감침질로 고정한다.

02 가운데 구멍을 통과하면서 기둥 8~10개를 만든다.

03 기둥을 하나씩 걸어서 버튼 홀 필링 스티치로 기둥을 만든다.

04 실이 부족한 경우 펠트에 2~3땀 떠서 실을 자른다.

05 추가 실은 버튼 홀 필링 스티치 마지막 고리 안쪽으로 나와서 연결한다.

06 뚜껑 원단을 잘라 홈질한다.

07 실을 당겨 솜이 들어갈 공간만 남기고 매듭을 만든다.

08 솜을 넣고 뚜껑과 기둥 부분을 공그르기로 연결한다.

09 프렌치 노트 스티치를 한 원단은 시접 0.5cm 정도를 남기고 자른다.

10 시접은 안으로 접어서 뚜껑 원단에 공그르기로 연결한다.

11 빈 곳은 프렌치 노트 스티치로 채운다.

12 키 링을 고정한다.

**플래티작업실의
입체자수 소품**

초판 1쇄 발행 2020년 9월 22일

지은이 최희순
펴낸이 이지은
펴낸곳 팜파스
기획 · 진행 이진아
편집 정은아
디자인 박진희
마케팅 김민경, 김서희
인쇄 케이피알커뮤니케이션

출판등록 2002년 12월 30일 제10-2536호
주소 서울시 마포구 어울마당로5길 18 팜파스빌딩 2층
대표전화 02-335-3681   **팩스** 02-335-3743
홈페이지 www.pampasbook.com | blog.naver.com/pampasbook
페이스북 www.facebook.com/pampasbook2018
인스타그램 www.instagram.com/pampasbook
이메일 pampas@pampasbook.com

값 16,800원
ISBN 979-11-7026-361-6 (13590)

ⓒ 2020, 최희순

- 이 책의 일부 내용을 인용하거나 발췌하려면 반드시 저작권자의 동의를 얻어야 합니다.
- 잘못된 책은 바꿔 드립니다.
- 이 책에 나오는 작품은 저자의 소중한 작품입니다.
  작품에 대한 저작권은 저자에게 있으며 2차 수정·도용·상업적 용도·수업 용도의 사용을 금합니다.

이 책에 나오는 작품은 저자의 소중한 작품입니다.
작품에 대한 저작권은 저자에게 있으며 2차 수정 · 도용 · 상업적 용도 · 수업 용도의 사용을 금합니다.

이 도서의 국립중앙도서관 출판예정도서목록(CIP)은 서지정보유통지원시스템 홈페이지
(http://seoji.nl.go.kr)와 국가자료공동목록시스템(http://www.nl.go.kr/kolisnet)에서
이용하실 수 있습니다.(CIP제어번호: CIP2020036186)

Kitchen Gloves
주방 장갑
How to Make ~ 110

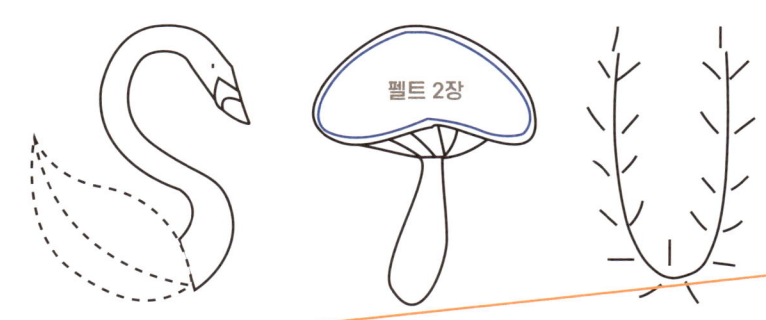

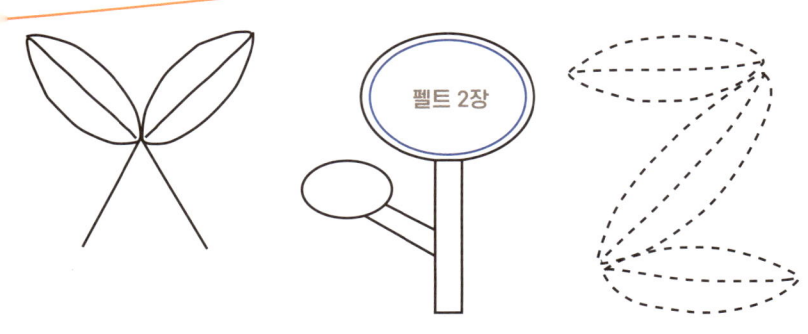

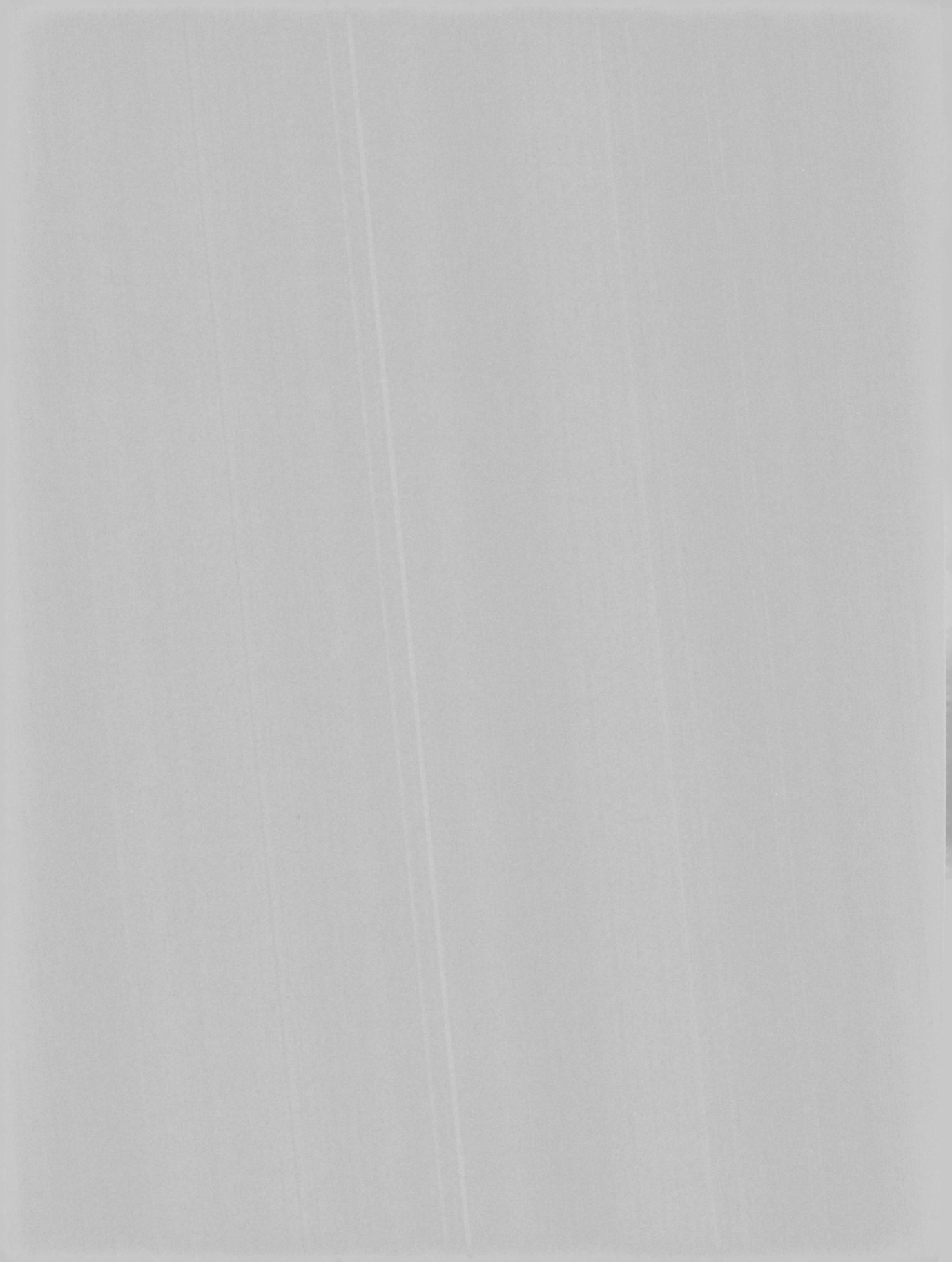